中华先烈人物故事汇

段德昌

军事科学院解放军党史军史研究中心

学习出版社

中华先烈人物故事汇《段德昌》编委会

主　编：陈秋波
编　著：陈传刚　廖雪琴

目　录

Contents

引　子

段德昌，湖南省南县人，1904年8月19日出生，是中国工农红军高级指挥员，是中共中央军委确定与毛泽东、周恩来、十大元帅等开国元勋并列的36位人民解放军军事家之一，是与贺龙、周逸群齐名的全国三大苏区之一湘鄂西苏区创始人，是彭德怀元帅的革命引路人，是中共军事史上最早从事水上游击战争和平原游击战争的将军，是中国共产党早年为党为国捐躯的人民军队的杰出将领。2009年被评为“100位为新中国成立作出突出贡献的英雄模范人物”之一。

1919年，段德昌考入长沙圣雅各教会学校，后退学考入长沙商业专科学校读书，参与组织马克思主义学习小组，进行爱国学生运动。1924年，与何长工一起在华容创办新华中学，传播进步思想。1925 年，五卅惨案发生后，他和进步青年发起组织“青沪惨案南县雪耻会”，经常到县城沿河码头和交通要道，查禁洋货，严惩奸商。6 月，加入中国共产主义青年团。9 月，转入中国共产党。先后入黄埔军校第四期燕塘入伍生第 2 团学习。1926 年 3 月，因参加同“孙文主义学会”的斗争而被开除。后经党组织安排，进入国民党中央政治讲习班学习。6 月毕业后，到国民革命军第 8 军第 1 师政治部工作，参加北伐战争。1927 年，参加八一南昌起义后，到鄂中地区组织农民武装，开展湖区、平原游击战争，创造一套水上游击战争的战术原则。后任中共公安县委书记，领导公安县年关暴动。介绍国民党军湖南独立第 5 师 1 团团长彭德怀加入中国共产党。1928 年 6 月起任中共鄂西特委委员、鄂西游击大队中队长、洪湖游击总队（鄂西游击总队）参谋长、红军独立师师长等职，率部在洪湖地区创建游击根据地。1929 年 2 月，在鄂西特委扩大会议上，提出在洪湖建立革命根据地、广泛开展游击战争的建议。1930 年 2 月后，任中国工农红军第 6 军副军长兼第 1 纵队司令，第2军团第6军副军长兼17师师长。7月，任红2军团第6军政治委员，后任军长，湘鄂西苏维埃联县政府赤色警卫总队长，参与创建和巩固以洪湖为中心的湘鄂西苏区。9月，红2军团南下作战失利后，他带领失散人员重返洪湖，与周逸群一起重整部队，组建新6军（也称独立团）。1931年4月，任红3军（红2军团改编）第9师师长，指挥部队连战连捷，取得三官殿、沙岗、普济观、郝穴、汪家桥、龙王集、文家墩、新沟嘴等战斗的胜利，被湘鄂西苏区军民誉为“常胜将军”。同年秋，在国民党军大规模“围剿”下，红3军被迫离开洪湖苏区。他率红9师担负阻击、断后等艰巨任务，转战3500余公里，于1930年12月下旬到达湘鄂边。1932年11月被选为中华苏维埃共和国中央执行委员。1933年5月1日，在湖北省巴东县金果坪乡江家村壮烈牺牲，年仅29岁。

段德昌和周逸群一起开创洪湖苏区，建立洪湖游击总队、红军独立第1师、红6军和湘鄂西苏维埃政权。段德昌是韩信式的军事家，将兵宜多，布阵尚奇，作战飘忽，常有惊人之举，红2军团几乎所有大捷都闪烁着他的智慧，他擅长火攻，在古赤壁的旧战场上，利用洪湖地区天然柴山、芦林，指挥过多次火烧连营的著名战例。他曾经创造3个月歼敌3个旅的辉煌战绩，把湘鄂西根据地推向鼎盛。洪湖人民称段德昌是搅动洪湖湖水的“火龙”将军，是湘鄂西苏维埃政权的中流砥柱。洪湖苏区丧失后，他在7000里大转移中过关斩将，危急中“救驾”夏曦，但是，在夏曦“两个拳头打人”的错误战略指导下，贺龙、段德昌苦心积攒的根据地被丢失得干干净净，红军由大胜转入大败。

段德昌是中国共产党的忠诚战士，他说：“共产党员一生都要讲真话，心中想着人民。”段德昌一生把共产党人的革命理想视为灵魂，忠勇坦荡，刚正不阿，疾恶如仇。对于“左”倾错误展开不留情面的批驳，把真理的大炮对准不可一世的“老鸡婆”（机会主义者）。这位足智多谋、叱咤风云的英雄，屡遭诬陷，终被错杀，献出自己年轻的生命。扭曲的“公审”，奇特的“刑场”，全军将士哭泣着为“火龙”送行。段德昌临死提出的3条要求之一是：“用刀杀我，留下子弹打敌人。”明知冤屈必死，却不忘献身杀敌，革命意志坚如磐石。

1944年，在党的六届七中全会上中共中央为段德昌平反昭雪。新中国成立后，毛泽东亲自为他签署中华人民共和国第一号烈士证书。

01 革命当先锋

才智出众的小学霸

湖南省南县，地处湘鄂两省边陲，洞庭湖区腹地，5 条江河流贯其中，域内河渠纵横，湖塘密布，水域面积占总面积的 1/3 以上，有“洞庭明珠”之誉。

1904 年 8 月 19 日，南县九都山九屋厂知名乡绅、小学教员段心铨急忙从官码头下了渡船，匆匆地往家赶，他的堂客就要临产了。他边走边在心里念叨着:“希望是个儿子就好……”

段心铨刚一迈进家门，就听到母亲爽朗的笑声:“呀！我有大孙子了。心铨，你堂客给咱家添了个大孙儿了呀！”母亲笑得合不拢嘴。按“酉阳堂”辈行族谱，段心铨给儿子起了个“德昌”的大名。这年，农历甲辰，属龙。

段德昌的母亲体弱多病，在他6岁那年，便离开了人世。年幼的段德昌只好在奶奶的呵护下生活。父亲段心铨先是在省城旧农会工作，后到常德市担任法院承审官，长期在外，很少顾及儿子。段德昌生性活泼爱动，并不缺少关爱，奶奶把他看成是放在外面怕晒着了，含在嘴里怕化了的心肝宝贝。加上段家大屋四周葱翠的田园、潺潺的流水、低吟的蟋蟀，成了段德昌儿时的天然乐园。到了上学年龄，父亲要接他到城里去上学，奶奶担心小孙子到县城读书照料不周，于是，就近送到九屋厂段氏祠堂“五德书屋”接受启蒙教育。1914年，年满10岁的段德昌已读了4年的“四书”“五经”，他天资聪颖，是同龄学生中最有灵气的一个。

私塾先生经常出联让学生们对，对得最好的当数段德昌。有一天，私塾先生出一个拼字联：“需人为儒，弗人为佛，曾人为僧，以及山人为仙，宾人为傧，立人为位，下至庸人为傭，童人为僮，人均有取义。”孩子们一听如此之难，都无言以对。段德昌略加思索，便从容不迫地站起来，一字一顿地对道：“老女曰姥，夭女曰妖，生女曰姓，推之因女曰姻，商女曰嫡，亚女曰娅，贱而立女曰妾，卑女曰婢，女各存专名。”段德昌对罢，满课堂响起一片喝彩声。私塾先生更是惊得目瞪口呆，连夸“了不得，了不得！”

1915年暑假刚过，段德昌考进县城第一高等小学，编入第5班读书。一天，县劝学所所长严世杰到段德昌就读的学堂来视察。段德昌的老师是一位饱读诗书的学究，在当地很有威望，深受当地百姓的好评，对段德昌的敏捷才思更是赞不绝口。老师见严所长到来，便想炫耀一下自己优秀的学生。严所长听说段德昌这么不一般，便想当场考考。他出了一道上联：“孔夫子、关夫子，两位夫子，圣灵威德同结万世。”段德昌不慌不忙地站起来道：“著春秋、看春秋，一部春秋，庙堂香火永续千秋。”对完，又对严所长自谦道：“学生献丑了，请指教。”严世杰和老师听后，都高兴地点点头，由衷地赞道：“对得妙，对得妙！”

毛泽东赞誉的“好同志”

1919年，15岁的段德昌高小毕业，深受席卷全国的五四运动的影响，他不再满足于小县城里的旧式教育模式，决心走出去投身到这场荡涤旧礼教、旧道德、旧思想、旧文化的革命洪流中，经受锻炼、拓宽视野、增长知识。他只身来到省会长沙，先是考入圣雅各教会学校。入学不久，他发现学校里的教学内容陈腐守旧，而且他对神学毫无兴趣，于是主动退学，接着又报考长沙商业专科学校学习。他是个爱思考、遇事爱较真的人，他认真学习并以优异的成绩完成学校里规定的每门功课，并且对五四运动以来，中国的教育问题进行了深入的思考和剖析。

1920年，忧国忧民的段德昌专门写了一封关于南县教育发展和湖南发展建设的建议信，寄到了湖南省教育厅。后来，此信经过多次辗转，终于转到了正在起草《湖南改造促进会发起宣言》和《湖南建设问题条件商榷》的毛泽东手里。毛泽东读了此信，不仅对信中提出的见解和观点表示赞同，而且十分欣赏这位年轻学生的文采和胆识。从此，段德昌这个名字就在毛泽东心中留下了深刻的印象。

1921 年 4 月，毛泽东从省城长沙经岳阳、华容，然后来南县考察国民教育和进行社会调查。毛泽东走在南县官街平坦的麻石路上，突然想见一见那位写信的有志青年学生段德昌。于是，毛泽东通过南县劝学所所长严世杰找到段德昌。

这一天，天气晴朗，春风扑面，在文昌阁里，段德昌一双充满激情的眼睛，望着面前这位身材高大、满脸英气的省督学润之兄激动不已。毛泽东与段德昌坐在坪前白石上随和地交谈着。

段德昌向毛泽东介绍南县乡村和国民教育的情况："经过五四运动后，许多在外地求学的青年纷纷回县投身教育，希图革除旧弊、大力倡办新学。现在小学的初小学制四年，开设国文、算术、图画、唱歌、手工、体操、习字等课；高小三年，在初小课程基础上，增设经书、修身、历史、地理、理科等课。教学由课堂教学取代私塾的点授。最近高小取消经书，增授英语。县立的中学于民国二年（1913 年）并入县立高等小学，到民国五年（1916 年）停办。师范学校已于去年在县城办起南县师范讲习班。职业学校县城已办两所，一所是今年恢复的县立女子学校，开设刺绣、织袜课；另一所是南县乙种商业学校。尽管这样，还有大多数人进不了学堂。”

毛泽东聚精会神地听着，时而沉思，时而兴奋，时而被段德昌俏皮地对乡村私塾先生教书进行地模仿所感染，发出一阵阵爽朗的笑声。这个思想进步、心向革命的段德昌介绍的南县教育情况，使他深感国民教育之重要，改造中国之任重道远。

毛泽东从包裹里拿出刚出版的《新青年》等刊物给段德昌。段德昌欣喜地接过散发着油墨芳香的书聚精会神地看着。毛泽东见段德昌看得如此入迷，玩笑地说道：“德昌弟，你也像我那时一样，遇到好书，如同牛闯进菜园，初尝菜味，大口大口地吃个不停哟！”

毛泽东在南县对全省教育状态进行社会调查时，段德昌陪毛泽东等一道走村串户，一连几天时间里同吃同住，亲密无间。毛泽东在南县考察中那种实事求是的精神，深深地感染和影响着段德昌，而段德昌在陪同毛泽东一行中表现出的机敏、好学、上进的精神，也在毛泽东心中留下深刻的印象。

毛泽东在南县调查了 8 天后，乘着初夏习习的凉风准备离开南县前往安乡时，语重心长地对段德昌说："国家兴旺要靠民众觉醒，民众觉醒靠教育，我们要投身到教育事业中去。"段德昌拉着毛泽东的手说："润之兄，我今后一定致力于国民教育。"毛泽东一行在洞庭湖畔的活动，段德昌写成文章和通讯寄给湖南《通俗报》。

1923 年 6 月，长沙小西门发生日本水兵枪杀示威群众的六一惨案，正在长沙就读的段德昌积极投入到长沙各界人士举行的抗议活动中去。这年暑假，段德昌没有回家乡，而是受毛泽东创办的"长沙书社"委派，到宁乡文化书社担任推销助理，在民众中撒播革命的火种。其间与南县、华容一带在长沙求学的刘革非、何鸣一、朱登瀛、欧阳悟等革命青年过从甚密，曾组织马克思主义学习小组，学习《共产党宣言》和《国家与革命》等经典著作，阅读《新青年》《劳动者》等革命刊物，互相勉励，立志献身于中国革命事业。

1923 年下学年刚刚开学，父亲段心铨因病去世，段德昌被迫辍学回到九都山家中。1924 年开春，在奶奶的再次支持下，段德昌又考入湖南第一师范大学本科第一部学习。正当他发愤攻读之时，儿子段传新出生了。为了不让年事已高的奶奶独掌门户，段德昌只好办理辍学手续，恋恋不舍地离开他世界观初步形成的长沙，返乡受聘到一所小学教书。

毛泽东知道这一情况后，想到宁乡文化书社正需要一名精明干练的人去负责，便派段德昌去那里工作。段德昌在宁乡文化书社积极工作，按照毛泽东文化书社的要求，做好革命书籍的发行工作，深受当地革命群众的欢迎，创造出了喜人的业绩，被毛泽东称赞为“好同志”。

1924 年，段德昌与留法勤工俭学归国的共产党员何长工，去华容南山创办新华中学。何长工为董事长，段德昌担任副董事长兼教务部部长、英文教员，开展新式教育。他们利用教员的身份，秘密从事革命活动，发展革命力量，与盘踞在华容教育界的封建势力进行斗争，实践毛泽东在南县考察国民教育时阐述的教育思想。

第二年，段德昌又受聘到自己曾就读过的南县第一高小任英文教员。五卅惨案爆发后，反帝风暴席卷全国，震撼着广大爱国青年的心。段德昌与青年教师曾习孔、喻文兵发起成立“青沪惨案南县雪耻会”。从上海美专辍学回家的青年曾习孔担任总干事，喻文兵负责宣传鼓动，段德昌担任纠察队队长，带领群众积极开展查禁日货和反对帝国主义的宣传活动。由于他经常拿着一根五六尺长的铁杆到县城码头等处检查日货，有人讥讽说：“段先生，你当教员不拿教鞭拿铁杆，天天在大街上转来转去，不雅观，有失体统。”

段德昌严肃地回答：“日本帝国主义者枪杀工人顾正红，你看文明不文明？奸商想方设法贩卖日货，甘当亡国奴，难道就雅观吗？”

段德昌不怕别人嘲讽，不惧被校方解聘威胁，始终站在爱国反帝斗争的前头。由于他的出色表现，1925 年 6 月，经共青团南华特支书记陈琳和冯希濂的介绍，段德昌加入了中国共产主义青年团。9 月初，由曾习孔介绍，21 岁的段德昌又在南县加入中国共产党。

黄埔军校的“斗士”

1925 年 9 月中旬，就在段德昌入党后不久，他被党组织选派到黄埔军校学习，一同前往的还有“青沪惨案南县雪耻分会”的同事喻文兵。他们提着小小竹箱，经过 30 余天的艰苦行程到达广州，并双双考入黄埔军校。不久后，段德昌被编入燕塘入伍生第 2 团接受训练，随后又以优异的成绩升入黄埔军校第四期步科第 2 团学习。

黄埔军校全称“中国国民党陆军军官学校”，是当时有志青年心目中的圣地，向往革命的殿堂。

1924年第一次国共合作后，孙中山在广州黄埔岛上创办这所军官学校，蒋介石任校长。中国共产党为协助孙中山办好军校，不但派遣周恩来任政治部主任，共产党人恽代英、叶剑英、聂荣臻、萧楚女等德才兼备的干部也来此协助工作，并多次指示各地党组织选送优秀党团员和进步青年报考军校。军校中不少人以后成为中国工农红军、八路军、新四军和人民解放军的领导骨干。

当时，黄埔军校有两大学生政治团体，一个是以共产党人为主的中国青年军人联合会（简称“青军会”），另一个是由国民党右派势力组建的、以反对共产党为主要目的“孙文主义学会”。以国民党右派分子为核心组成的“孙文主义学会”和以共产党员、共青团员为骨干的“青军会”的斗争十分尖锐。就在军校左、右派斗争激烈的时候，年轻的共产党员段德昌义无反顾地加入“青军会”，血气方刚的他，很快成为“青军会”的骨干。

一天傍晚，军校教师周逸群在广东大学演讲后返回黄埔军校途中，遭到“孙文主义学会”头目潘佑强、杨引之之流的突然袭击。幸亏广东大学师生及时赶到，驱走潘、杨一伙打手，周逸群才幸免于难。段德昌闻听自己最尊敬的老师险遭毒手，立即联合“青军会”的会员跑上广州街头，无情揭露“孙文主义学会”违背孙中山的三大政策和破坏统一战线的阴谋活动，并刷写“严惩打人凶手潘佑强、杨引之”的巨幅标语，引起军校学生群情激愤，得到广州各学校学生和富有正义感的市民有力地响应。

由于校方对此事不加处理，军校学生更加愤慨，教室里已空无一人，操场上学生却结伴而行，摩拳擦掌。蒋介石连忙同汪精卫出面，召集军校两会联席会议，假意调和两会矛盾。周恩来顾全大局，为不耽误学生的军事学习，在蒋介石的恳请下做“青军会”负责人的工作，这才使学生罢课风潮平息下来。

段德昌教师出身，理论功底深，知识广博，能言善辩，词锋犀利，常常驳得右派分子面红耳赤，哑口无言，深为这些反动分子所记恨。

1926年3月20日，中山舰事件爆发，段德昌领着部分青年军人求见蒋介石，当面指责他身为校长处事不公，偏袒一派，打击一派。在黄埔军校，从来都是校长给学生训话，何曾见过学生呵斥校长？蒋介石恼羞成怒，下令将段德昌关进禁闭室。

一天，蒋介石来到禁闭室，温言相劝：“你各科成绩都很优异，是可造之材，要专注学业，志存高远。如果你能承认错误还是有前途的，校长也不会怪你。如果你坚持己见，不公开认错，我就要开除你的学籍。”

段德昌强硬地回答：“我为国民革命来军校学习，向校长提意见是为革命快点成功，何罪之有？关禁闭就关禁闭，开除学籍就开除学籍，我决不认罪！”

一句话呛得蒋介石脸色发紫：“禁闭室你也别呆，马上卷铺盖走人。”就这样不到半年，段德昌就被校长开除学籍。

初春的广州像火药桶一般。一天傍晚时分，空中响过一阵雷声，接着便是一道耀眼的闪电划过天空。在寂寥的空地上，毛泽东在去李富春主办的中央政治讲习班回来的路上，与正准备投入到革命的大洪流中去的段德昌相遇，虽然在暮色沉沉之中邂逅，两人仍然很快地认出对方。毛泽东忘情地与段德昌热烈拥抱，良久，毛泽东邀请段德昌到寓所畅述。段德昌向毛泽东汇报自己的情况后，毛泽东充满希望地对段德昌说："德昌弟，为组织千千万万的工友农友拿起武器开展革命斗争，建立我们无产阶级的政权，你就到李富春主办的中央政治讲习班去学习吧。由周恩来推荐，我来介绍，你看怎么样？"

段德昌高兴地点点头。此刻，在毛泽东的眼里，段德昌已不是当年在南县看到的那个 17 岁的向往革命的稚嫩学生，而是一位在革命的大风大浪中锻炼成长起来的斗志更旺方向更明的坚强战士。

周恩来见到英姿勃发、精神振奋的段德昌后，心中由衷喜欢，连连赞赏道："你很不错嘛，虎死不倒威，你是'青军会'的斗士，是我党的坚定分子！"后经周恩来推荐，1926 年 3 月底，段德昌进入以李富春为班主任的中央政治讲习班学习，在这里，他留下了一生中唯一留存下来的半身像。

讲习班全称"中国国民党政治讲习班"，于

1926年2月开学，实质上是共产党创办的一所培养军队政治干部的学校。段德昌在充满革命的氛围中学习，虽说迟来1个多月，但凭着他“拼命三郎”的本性，夜以继日补上已缺课程。他尤其喜爱听毛泽东和阮啸仙关于农民问题的宏论。特别是毛泽东有理论、有实践，诙谐幽默的讲课，常引起他对自己家乡农村现状的深思。毛泽东对这位在南县结识的小弟弟也格外关注，对他提出的农村存在的问题，有问必答。

经过3个多月的学习毕业后，段德昌又参加国民革命政治部培训班。短训后，被分配在国民革命军第2军任营长。随后，调任国民革命军第6军第5团党代表。

彭德怀的引路人

在激情燃烧的岁月里，段德昌像一团灼热的火焰，不仅无情地焚烧一切枯枝腐叶，还将一些向往光明的同志聚集到自己身边，团结他们一道前进。

1926 年 7 月，为讨伐北洋政府的反动统治，结束军阀割据的局面，实现国家统一之目的的北伐战争开始后，段德昌随国民革命军第 6 军进入湖南。不久就被调到国民革命军总政治部宣传科工作。他积极地在士兵和基层军官中开展宣传和组织工作，有力配合着革命战争的进行。尤其在北伐军攻占醴陵、平江以及汀泗桥等战役中，活跃着一支令官兵交口称赞的政治宣传队，这就是段德昌领导的宣传科。部队行军途中，段德昌带领宣传科的队员们打快板、唱鼓词，鼓舞士气。战场上，段德昌身先士卒，同宣传队员们一起冒着枪林弹雨运弹药、抬担架，救护、慰问伤病员。他们不仅是宣传队，更是一支舍生忘死的战斗队。段德昌的领导作风和工作方式，受到国民革命军总部的通报表扬，被北伐军将士们誉为“铁科长”。蒋介石在签署通报时，曾经很不情愿地对“孙文主义学会”头目缪斌说：“我就不明白，为什么像段德昌这样有才能的人都跟着共产党跑？”

1926 年秋，段德昌调任国民革命军第 8 军第 1 师政治部秘书长。不久，他就认识了本师第 1 团 1 营营长彭德怀。两人一见如故，大有相见恨晚之感。段德昌喜欢彭德怀憨厚、朴实、直爽的性格，他到彭德怀第 1 营次数最多，俩人常在一起畅谈革命形势，探讨人生理想，在以后的革命征途中结下深厚情谊。围攻武昌时，段德昌经常向彭德怀送宣传品和当时出版的进步刊物，这是彭德怀接受进步思想，了解革命理论，坚定革命理想的开始。

攻克武昌后，段德昌所在的第 1 师划归第 35 军指挥，番号仍为第 1 师，段德昌任第 1 师政治部主任兼《北伐周报》主编。这时，直系军阀吴佩孚残部由宜昌经当阳玉泉向南阳逃窜，彭德怀奉命赶赴玉泉山截击逃敌。段德昌提出随部队同行获准。谁知，败军逃得比兔子还快。彭德怀率部急行军赶到玉泉山时，残敌已于先一天通过玉泉山逃回北方老巢。这天晚上，段德昌与彭德怀就宿在玉泉山上的关帝庙里，二人进行了彻夜交谈，两颗向往革命、追求真理的心更加紧紧地联系在一起。

玉泉山就是《三国演义》中名将关云长显圣处，素有“三楚名山”和“荆楚丛林之冠”的美誉。山下有泉，终年喷珠漱玉，称为玉泉，山上有座关帝庙规模很大，地势险要，古柏苍松，别有风味。

彭德怀与段德昌在关云长塑像前，铺草当床，两人靠着关帝庙的神座，就着神剑前的蜡烛，躺着说话。两人的话题先是第 8 军在湖北战场的情形，然后转到对整个北伐战争的看法。

忽然，段德昌坐起身子，指着烛光中的关云长塑像对彭德怀问：“你对这位万民朝拜的圣人有何感想？”

面对这位红面绿袍、精忠报国、英名垂万世的关圣人塑像，彭德怀答道：“不怎么样，关公是封建统治者的工具，到现在还被统治阶级利用作工具，没有意思。”

“你认为要怎样才有意思呢？”段德昌反问道。

“为工人农民服务才有意思。”

“你以为国民革命的最终目的是什么？”段德昌又问道。

彭德怀激动地说道："现在不是每天都在喊着打倒帝国主义、军阀、贪官污吏、土豪劣绅，实行'二五'减租吗？我认为应当实行耕者有其田，而不应当停留在'二五'减租上。"

段德昌听后，若有所思地说道："一个真正的革命者，也不应当停留在耕者有其田，而应当变生产资料私有制为公有制，由按劳分配发展为按需分配的共产主义制。共产党是按照这样的理想而奋斗的。俄国布尔什维克领导十月社会主义革命胜利后，已实行按劳分配，消灭阶级剥削。共产党的任务，就是要实现社会主义和共产主义，共产党员就是要为这样的理想社会而奋斗终身。"停了一会儿，段德昌突然问道："你加入了国民党吗？"

"没有加入，我不打算加入国民党。"

"为什么呢？"

彭德怀愤愤地说："你看现在这些人，比如唐生智、何键等人，都是军阀大地主，还以信佛骗人；何键还暗地里卖鸦片烟，同帝国主义勾结。这些人连'二五'减租都反对，哪里会革命呢？"

段德昌心里哪能不明白呢？彭德怀见段德昌

沉默不言语，就问道：“国民党中央党部情形如何？”

段德昌突然大声说道：“蒋介石、胡汉民、宋子文、戴季陶，他们都是些假革命、反革命。”

段德昌稳了稳情绪接着说：“作为国民革命的军人，不能像关羽那样被当作统治阶级利用的工具，应该为劳苦大众去冲锋陷阵，为实现共产主义的理想奋斗终生。”

段德昌对中国社会现状和共产党人理想的精辟分析，使长期在旧军队生活的彭德怀，如在茫茫黑暗中看到了黎明的曙光。

第二天，彭德怀同过去几次一样，他把与段德昌的谈话，向他在部队中秘密建立起来的救贫会会员作了传达。

1927 年元旦，彭德怀召集救贫会会员开会，按照党的统一战线纲领和军队中的政治工作制度，修改救贫会的章程和口号。不久，第 1 营还以夜校形式办起训练班，段德昌来讲课的次数最多。在党的政治影响和段德昌的直接帮助、教育下，彭德怀和他领导的第 1 营全体士兵的政治觉悟，有很大的提高。彭德怀曾几次找段德昌，要求参加共产党。段德昌对彭德怀深为了解，非常愿意做他的入党介绍人。但由于当时正是国共合作时期，为避免影响国共两党关系，党组织决定暂不在这支军队里发展党员，彭德怀的入党要求也就没有得到批准。

5 月，段德昌按照党的指示，离开第 35 军第 1 师，被调到贺龙领导的国民革命军第 20 军 3 师任党代表，参加了八一南昌起义。在南昌起义中，段德昌与王炳南营长带领 5 团 1 营攻占东门，出其不意地全歼守敌。

南昌起义失败后，段德昌受党中央派遣，赴湖北沙市一带发动秋收暴动，在那里他领导了轰轰烈烈的土地革命运动，他的名声威震荆江两岸。段德昌在一次战斗中被烧伤，奉命回到湖南老家在南华安（南县、华容、安乡）特委工作。

1928 年 4 月的一天，回到家乡的段德昌与时任湖南陆军独立第 5 师 1 团团长的彭德怀再一次重逢。战友相见，格外激动。

彭德怀关切地询问道："怎么样，你的伤好了吗？"

段德昌笑了笑说："一点轻伤，早已好了。常言说轻伤不下火线，可我却离开了战场。"

彭德怀大笑道："你这叫转移战场，是在干更重要的事呢？"

接着，段德昌对彭德怀说："你在革命危机的时候，站在革命人民一边，说明你有坚定的革命立场，你长期的愿望已经达到，南华安特委已作出了同意你加入中国共产党的决定，已经报告省委。我相信，省委是会批准的。"

彭德怀问："我该怎么干？"段德昌说："正因为革命处于低潮，我们随时都要提高革命警惕，保守党的秘密。我建议在你的军队中建立一个党的基点，就以 1 营为基础，逐步发展到全团，以至到全师。有了一批骨干力量，在条件成熟时，将来是要起重大作用的。"段德昌还不忘提醒："共产党永远是要革命的，但有些人把每个共产党员都理想化，那也是不合实际的。看到了个别坏现象，也不要失望。"

几天后，段德昌陪着南华安特委书记张匡来到第 1 团团部，他们这次既是代表上级党组织找彭德怀谈话，又是作为彭德怀的入党介绍人，来为他举行入党宣誓的。

彭德怀的副官、共产党员邓萍在一间僻静的屋子里布置了一个简单而庄严的会场，墙中央挂着邓萍画好的党旗和马克思、恩格斯的油画像，两边悬挂着“全世界无产者联合起来，为共产主义社会而奋斗”的标语。

彭德怀穿着邓萍精心为他准备的呢军服、马靴，系着武装带。他见到张匡、段德昌二人后，紧握着他们的手，激动的心情无以言表。

段德昌拉着彭德怀的手说：“你不为国民党的高官厚禄所引诱，不为反动派的大屠杀所吓倒，坚定地站到共产党一边，保护了一些党的同志，我十分愿意介绍你加入中国共产党……”

彭德怀举起拳头宣誓：“愿为中国革命和世界革命，为共产主义事业奋斗终生，牺牲一切……”

段德昌将彭德怀引上无产阶级革命道路，彭德怀从一个旧军人转变成一个共产主义坚强战士。彭德怀后来回忆道：“听了他的谈话，觉得身上增加了不少力量，改变了‘马日事变’后的孤立感，觉得同共产党取得联系，就是同人民群众取得联系，也就有了依靠似的”。自党的七大以后，彭德怀填写的“入党介绍人”一栏，将“南华安特委”改为“段德昌”。

彭德怀说，是“为了纪念他，也就是为了学习他”。

02 洪湖浪上燃星火

领导公安县年关暴动

1927 年 11 月，烧伤尚未痊愈的段德昌，告别妻儿，离开家乡，前往湖北公安县，并决定在这块土地上重新燃起武装斗争的烽火。

“砰！砰！”江堤上响起两声尖厉的枪声。沉寂的南五洲顿时动荡起来，一群大雁惊叫着，扑棱棱地从沙滩上飞起来，逃到远处。不一会儿，十几个荷枪实弹的团丁跑上江堤，他们一边奔跑，一边狂喊：“抓住他，抓住他！”这时，只见堤脚下跑出一个商人打扮的小伙子，他穿着棉袍，戴着礼帽，手提驳壳枪，跑起来有些拐，看样子已中弹。

追兵越来越近。那小伙子无路可走，两臂一扬，双腿一蹬，毫不犹豫地跳下水。

小伙子一个猛子扎了丈把远，头刚冒出水面，便见一条小渔船从芦林里划出来，船上的人一边拼命地划着船，一边喊道：“喂，快上船来！”小伙子一抬头，只见船上那个身材魁梧的麻脸青年渔民，正在向他招手。小伙子望他一眼，毅然掉转头，继续击水前进！小船追了上来。那麻脸渔民伸出双手，像两把铁钳抓住小伙子棉袍，把他揪到船上。小船便箭一样地驶入密密的芦林。这时，追兵也赶到，眼看着小船隐入芦林，只好对着芦林放一阵乱枪，回去交差。

午夜，小渔船又悄悄地回到南五洲。麻脸渔民扶着小伙子，钻进芦林深处一间窝棚里。窝棚里黑乎乎的什么也看不见，麻脸渔民轻轻地喊了一声：“胡二叔！”只听得一阵窸窸窣窣的稻草响动声后，从地上站起一个40岁开外的汉子。麻脸的渔民又悄声吩咐道：“给我们弄点吃的来，肠子都饿断喽！”麻脸渔民扶着受伤的小伙子坐在草堆里，然后就着从门帘透进的一线亮光，查看小伙子的伤口。麻脸渔民用手在受伤者的小腿上掐两遍，吐一口气说："还好，没伤着骨头。"随即从窝棚里的一个小木盒内，取出一些药粉，给小伙子包扎伤口。

这时，胡二叔正好提一锅红薯大米粥进来。麻脸渔民连喝三大碗热粥，用手背抹一抹嘴巴，笑着问受伤的小伙子："你，是不是来买鱼的？"

小伙子慢慢地摇摇头，没吱声。

麻脸渔民又接着问："对，你，你莫非是来买这个的？"说着从衣袋里慢慢地掏出个龟甲，轻轻地朝身旁的小桌上一扣。小伙子一偏脑壳，看着没有底板的龟甲，笑眯眯地掏出个底板，慢条斯理地摆在桌上。麻脸渔民右手拿着龟甲，左手拿过底板，重重地一合，正是一个整乌龟的硬壳。

联络暗号对上了！麻脸渔民克制着激动的心情，低声道："这么说，你是鄂西特委派来的公安县委书记段德昌同志啦！"

段德昌高兴地握着他的手说："对，对！那你就是戴补天同志？"

麻脸渔民说："对，我就是戴补天。"随即又指着胡二叔说：“他是胡方熙同志，大家都叫他胡二叔，南五洲只剩这个唯一党员。”

胡方熙上前一步，紧紧握住段德昌的手，激动地说：“3 天前，鄂西特委书记张计储派人送信来，约定昨晚在七姓台接头。我们赶去，看你没有来，正寻思怕是出事。想不到，让老戴给碰上！”

段德昌挥挥手：“昨晚，我赶到七姓台，发现交通站被敌人破坏。我考虑再三，觉得这一带湖南客籍人多，决定先到桥埠头。谁料想，刚走到桥埠头交通站门前，涂郭巷的团防就包围上来。”

戴补天抢着说：“胡二叔没有接到你，我总不落心，今早我在江堤上跑 4 个来回，没有见到你。刚悬着心回到船上，忽听得外面一阵乱枪，晓得有情况，伸出脑壳一看，见到你负伤朝这边跑来，心里明白八九分。估摸你跑到江边会没去路，就先在江上等你。”

段德昌感激地看着戴补天说：“老戴，这次要不是你和胡二叔，我肯定让那伙团丁抓到城里去邀功请赏了，多亏你们那！”

戴补天哈哈大笑起来，一拳擂在段德昌身上："县委书记同志，我们日夜盼着的就是你，万一你要出事谁来给我们领头啊！"说完他重新细细打量党组织派来的新领导人。只见他白净脸，高挑个子，长剑眉，一双黑亮有神的眼睛里充满智慧。

这时，远远传来一声鸡鸣。胡方熙说："老段，先歇吧，快天亮了。"

戴补天连忙去整理地铺上的稻草。

"不用。"段德昌拦住说："还是先谈谈情况吧。"

"那也好。"戴补天稍稍想一会儿说："国民党叛变革命后，大恶霸傅祖光从上海回到老家涂郭巷，成立团防，借'清乡'为名，整日烧杀抢掳。他对要革他命的共产党尤其仇视，每次抓住共产党员和农协干部，无不施用残忍的酷刑。他剜掉过共产党员的双目和膝盖，割掉过农协干部的生殖器和耳朵，他最惯用的一招，就是经常对抓住的人，用湿麻绳抽打，打得遍体鳞伤，鲜血淋漓，昏死过去，再用破布片、烂麻片贴在身上。血渍一干，就乱扯身上的布片、麻片，连皮带肉都给扯下来，扯得人呼天号地、死去活来。”说到这里，戴补天已泣不成声，眼泪成串地往下落，牙齿咬得咯咯作响。

胡二叔也在一旁轻声地哭泣：“这个傅祖光，原来是一个土匪头子，后来被国民党收编，在73师当营长，是一个无恶不作的兵痞，当地老百姓早就恨透他。”

小茅棚里的气氛是那样的沉闷，简直使人透不过气来。段德昌一边一个，紧紧地握着戴补天和胡二叔的手说：“记住这血泪深仇，拉起队伍再和他们干，定要反动派偿还这笔血债！”于是，3人一起研究制订了公安县年关暴动计划。

1928年1月22日是农历大年三十。这天晚上，在茫茫的荒野上，一支100多号人马的队伍在悄然前进，目标直指前面一个大型的村落——涂郭巷。

村子的灯火已经越来越亮，这支队伍的成员也兴奋起来。

“脚尖着地，别弄出声，快跟上！”一个压抑的声音在“嗒嗒”的脚步声中响起。这人的湖南南县口音十分冷峻，十分有力。

队伍的脚步声果然轻了不少。不一会儿，这支队伍分两路进村子。此刻，村民们都吃完年饭，正掩着大门，在火炕边守岁。很快，村子西头最大的一个院子被许多黑影包围。段德昌用青布裹着长枪当扁担用，两头挑着鱼肉，戴补天等人提着礼品，大摇大摆地向驻扎在桥埠头傅祖光营房走去。

傅祖光的营房大门，高高地悬挂着两个大红灯笼，有两个哨兵蜷缩在门旁。里边不时传来一阵阵赌钱的吆喝和划拳的呼喊，乱哄哄的一片。段德昌等人走近大门，举起手中的礼品对哨兵说：“麻烦两位老总，请进去向傅营长禀报一声，就说涂郭巷的傅家三爹给他送来年货。”一个哨兵连忙转身进门去报告。段德昌突然靠近哨位，用枪顶住另一哨兵后背，低声说：“不许吭声，否则要你的命！”随即缴下那个哨兵的枪。敌营长傅祖光听说傅家三爹来送年货，急忙出来迎接，刚出二门口，就被段德昌一枪击毙。埋伏在营房外面的游击队员，一齐呐喊着冲进营房。有的点燃鞭炮，有的甩出自制的土手榴弹。顿时，营房四处爆发出枪炮声、呐喊声、冲杀声，敌人以为共产党大部队来了，一个个丢魂失魄，纷纷举手投降。这次暴动消灭敌人整整 1 个营。当地群众得知游击队干掉傅祖光，无不欢欣鼓舞，很快就唱出新歌谣：

杀了傅祖光，
为民除虎狼。
多亏共产党，
感谢段德昌。

随后，段德昌和戴补天、喻文彬等，带领游击队员，乘势占领公安县城，处决一批罪大恶极的土豪劣绅，释放在押的共产党人和革命群众，还将没收的财物分给贫苦农民和城市贫民。段德昌宣布成立公安县游击大队，自己兼任游击大队队长，这就是著名的公安县年关暴动。公安县年关暴动的胜利，像一声春雷，在荆江两岸引起强烈的震撼，如同一支火把，给湘鄂西大地带来新的曙光。

创建洪湖游击大队

段德昌在公安县各地暗杀土豪劣绅屡屡得手，气坏了国民党反动派，他们出动了县警备队和铲共团，四处围攻红色暗杀队，却被红色暗杀队灵活机动的游击战术打得大败。段德昌出身于黄埔军校，精通兵法，知道敌人不会善罢甘休，于是着手大力扩充革命武装。

公安县对江的江陵县有个马家寨，寨内有一支农民自发组织的自卫武装——大刀会。这个大刀会分布到了周围的乡镇，共有200多人，人人善使大刀，平时务农经商做手艺，定期集合操练，召之即来，来则能战，颇具战斗力。大刀会的首领是姓马的父子3人，他们在地方上行侠仗义，除恶扶善，江湖义气很浓，很受老百姓拥护。由于马家寨远离江陵县城，又濒临长江，易守难攻，反动派虽早有歼灭和收编之意，但一直不好下手。段德昌了解这一情况后，决定抢在反动派的前面，把这支武装队伍拉到革命阵营中来。然而就在此时，大刀会出了件大事。

原来，在马家寨西北不远的地方，有个白露湖。白露湖地处江陵、潜江和监利3县边界，远离国民党的政府机构，是一个僻远的土匪出没的地方。当时，白露湖边有个湖霸叫薛老大，他勾结官府，拉起一支100多人的土匪队伍，到处明抢暗劫，无恶不作。前不久，薛老大以欠渔租为名，将渔民曾德庚的女儿抢去奸污了，致使曾德庚的女儿含辱投湖而死，渔民闻知，群情激愤。曾德庚的表弟是大刀会会徒，遂将此事告知了首领马定义。马定义连夜派人潜入薛老大家，杀死其父其子，并放火烧了薛老大家的屋子。薛老大查出此事是大刀会所为，气急败坏地买通国民党江陵县民团，突然袭击马家寨。然而大刀会早有准备，他们与当地百姓将民团与薛老大的土匪队伍团团围住，打得落花流水。薛老大哪肯甘休，便带人杀了马定义的岳父与小舅子。马定义大怒，召集了大刀会的全部人马，准备直扑白露湖报仇雪恨。大刀会正要起程之时，手下人前来报告马定义，说是寨外有人求见。问清来人的情况后，马定义决定先见来人，然后再去报仇。

前来拜见马定义的人叫胡方熙，是段德昌派来的共产党员。马定义和他的大刀会对共产党素有好感，而胡方熙又是他们久慕大名的段德昌的手下，岂有不见之理？

马家父子将胡方熙迎进寨子，看了段德昌的亲笔信，分外高兴。原来，段德昌在信中诚恳地讲了共产党的宗旨和原则，请马家父子和大刀会加入共产党的革命队伍。

第二天，马家父子即随胡方熙过了长江，段德昌和戴补天早早地在南岸的杨家场迎接了他们。段德昌听马定义说了薛老大奸污曾家姑娘并杀了他的岳父和小舅子的事，不禁拍案而起。

段德昌说：“白露湖是块打游击的好地方，我们正可利用起来，岂能容这个湖霸占驻，一定要尽快将他消灭！”

马家父子见段德昌如此仗义，便爽快地答应加入共产党的队伍。段德昌收编了马家寨的大刀会，组成了公安县游击队，他带领游击队员一边进行训练，一边同当地的反动势力作斗争。不久，他便带领队伍开向白露湖，一举捣毁了薛老大的老巢，将薛老大捉拿惩办。

杀了薛老大，解放了白露湖，段德昌的队伍军威大振，当地百姓纷纷加入游击队，使革命武装力量进一步增强。

由于国民党的不断“清剿”，1928 年 5 月，段德昌率领游击队撤出公安县进入洪湖腹地，与活跃在洪湖岸边的彭国材、刘革非领导的游击队会合，组成洪湖游击大队。洪湖游击大队以段德昌为队长，彭国材为副大队长，在洪湖的一个荒岛上进行严格的军事训练。

清水堡上现“双雄”

南昌起义失败后，根据党中央的指示，贺龙、周逸群、贺锦斋等人来到荆江地区领导当地农民开展武装斗争。1928 年 2 月，在中共石首中心县委的领导下，组成了工农革命第 49 路军。由于攻打监利县城失利，第 49 路军领导和石首中心县委在焦山河研究决定，由贺龙、周逸群、贺锦斋、卢冬生、黄鳌和石首中心县委宣传部部长李良耀等带少数人，按中共中央原定计划前往湘西北开创革命根据地，其余的人留在洪湖地区，继续开展游击战争，并相约半年后在公安会师。

贺龙与周逸群等人回桑植后，成立了湘鄂边工农革命军，4 月 2 日，发动了桑植起义。桑植起义的胜利，引起了敌人的极大恐慌，贵州军阀即令第 43 军驻湘西的第 3 师第 5 旅龙毓仁部，会同桑植县陈策勋保安团，共同“围剿”湘西工农革命军，使刚刚成立的工农革命军遭受重创，部队所剩无几。周逸群根据当前的情况，感到原定 8 月湘西部队和洪湖部队会师的计划，实现起来有一定的困难，于是决定自己先返回洪湖，与那里的同志一起把根据地建立起来，再迎接湘西的部队会师。

周逸群从湘西来到了洪湖地区的石首县境，

发现设在沙市的中共鄂西特委遭敌破坏，工农革命军第49路军遭到重创。周逸群决定找到党组织，重建鄂西特委。这天，周逸群赶到石首调关，住进一家客栈。刚刚吃完饭，正在喝茶看书，门外传来一阵嚷叫声。他赶紧放下书，将门拉开一条小缝。他看见几个团丁正向客栈的伙计吆喝，说是要搜查共党分子，他估计自己是秘密来到石首的，不会是搜查的对象，便继续镇定地看书喝茶。

两个团丁推门进了周逸群的房间，他们见周逸群身着白衬衫，青西裤，黑皮鞋，架金丝眼镜，留西式分头，衣冠楚楚，风流儒雅，先自矮了半截。他们认为眼前这个30来岁的男子，不是政府要员，便是有学问的大先生。

“先生，小的们得履行一下公事，您看?”留小胡子的小头目模样的团丁笑着说。

“没关系。”周逸群大度地一笑，从容地拿出一个大信封递了过去。

小胡子看着印有8个朱红方块字：湖北省“剿赤”司令部的大信封，也不敢接，连忙缩回手，慌张地说：“对不起！对不起！长官请包涵，小的们也是执行公务。”

周逸群用夸奖的口气说：“你们搜查共匪，做得很对。”说着便向两个团丁递烟。

两个团丁受宠若惊，矮小团丁讨好地说：“长官，您晚上可别出去，小心点为好。”

周逸群故作不解地问：“怎么回事？”小胡子团丁说：“段德昌的暗杀队离开公安，向这边跑来了。这个段德昌，在公安县闹得人心惶惶哩。这些共匪啊，简直他娘的神出鬼没哩！”

周逸群故作轻蔑地一笑：“不要紧，中国毕竟是我们的天下，他段德昌真的就不要命么？”

两个团丁见周逸群这样大的口气，赶紧唯唯诺诺地告退。

听说有段德昌的消息，周逸群激动地站起来，恨不得立刻就见到他。在黄埔军校和南昌起义时，他就认为段德昌是一个不可多得的将才。他心想：现在他也到洪湖，这实在太好了，革命队伍正缺少这样的军事指挥干部啊！

第二天天还没亮，周逸群乘船过江，来到工

农革命军第 49 路军成立处下车湾，找到原革命军第 49 路军游击队队员、洪湖有名的贺麻子贺闯，连忙向他打听段德昌的消息。

贺闯说：“别急，今晚先好好睡一觉，明天一早我带你去见段德昌。”

原来，按照段德昌的安排，贺闯专门在进入洪湖的主要路口搭草棚，化装成渔民，接待前往洪湖湖区的革命者，同时传递湖内外的消息，他成了洪湖党组织和武装组织的交通员。

“这么说，你可成水泊梁山的朱贵啦？”周逸群笑着说。

“德昌让我来时，也是这么说的。”

第二天清晨，洪湖还蒙在一片水雾中，一叶扁舟载着两条汉子，直向湖心驶去。这两个人自然就是周逸群和贺闯。

在湖水反射着金色的阳光的时候，扁舟驶到湖心的一个荒岛边。这个荒岛叫清水堡，坐落在洪湖之中，方圆不过二里，四面是密密的芦苇。清水堡上，野草青蒿遍布，杂树芦苇丛生，水禽野鸟成群，狐獐兔子四奔。传说中，岛上盘驻着龟蛇二精，时常兴妖作怪，十分恐怖。这清水堡又叫精怪岛，在人们眼中又平添几分阴森与恐怖。所以从来无人靠近，更不用说登岛居住。段德昌经过考察，认为这是一个极好的据点，便把队伍带上荒岛。

“段德昌就在这里。”贺闯向周逸群说道。

“这还真是个好地方哩！”

周逸群跟着贺闯来到芦林草滩密布的清水堡，段德昌大步迎上前去，紧紧地握住周逸群的双手。

“德昌同志，你好！”周逸群热切地说。

段德昌激动地说：“逸群同志，真没想到你会来到这儿呀，快说说湘西那边的情况吧。”

贺闯说：“你总得让逸群先喝一碗茶吧。”

两位英雄席地而坐，激动地交谈着。段德昌与周逸群不仅相识已久，而且还是黄埔军校的校友，周逸群虽高两届，但两人也在学校见过几次面，只是没打什么交道而已；后来两人都参加南昌起义，同样也见过面，只是那时各司其职，没有深入地接触。后来两人都来到洪湖发动革命武装，但一个去湘西，一个留在洪湖。这次在洪湖中的荒岛之上，他们终于又在革命的大旗下并肩战斗，心中特别激动。

中午，段德昌亲自下厨，做一桌子菜，为周逸群接风洗尘。段德昌不仅带兵打仗出类拔萃，炒菜也很有一手。不过，桌子上的菜也全是洪湖的土特产。

望着丰盛的午餐，周逸群笑道："赤卫队的生活还不错呀。"当然，他知道这是特地把自己当贵宾。

段德昌感叹道："要说菜，确实靠水吃水，丰富得很，只是缺少油、盐、辣子，再好的菜也做不出好味道啊。"

周逸群想到转移到深山老林中去的贺龙等人，又叹息了好一阵子。

周逸群一边吃一边说："德昌，洪湖地区的几个重点县都地处荆江两岸，连着洪湖、洞庭湖，又在南北大铁路的交叉点上，实在是整个中原地区的咽喉，这一地区东可逼武汉，南可牵岳阳，西可制宜沙，北可守汉水。我们要学毛泽东在井冈山搞红色割据那样，必须有个立足点，这个立足点就是洪湖，开展游击战争。”

段德昌连连点头说：“对，‘洪湖五子’在那里神出鬼没，群众基础好，鱼虾莲藕丰富，是个理想的根据地。只是各地党组织被敌人破坏得厉害，武装力量也比较分散，发动斗争也有许多困难。”他顿了顿说：“不过现在有你在，许多工作就好开展。”

1928 年 7 月中旬，中共湖北省委派人到宜昌，正式组成了鄂西特委，周逸群为书记，段德昌等为委员。此后，段德昌除继续领导洪湖游击队整训外，还和周逸群等一起，按照鄂西特委制定的新的工作方针，克服“左”倾盲动错误影响和地方主义观念，恢复整顿党和群众组织，建立农村根据地，开展武装斗争，使党和游击队不断壮大，到当年秋天，鄂西特委领导的革命力量已扩展到 23 个县。洪湖地区由段德昌领导的游击队，是一支最活跃的革命力量。

练兵激拍洪湖浪

1928 年仲夏的一个早晨，红色的玫瑰云，从东方托出一轮鲜艳的红日，红日映照着洪湖的湖心岛——清水堡，清水堡上飘扬着绣有“洪湖游击队”5 个黄色大字的大红旗。红旗下面，是一片整理出来的开阔平地，一群赤卫队员正在热火朝天地进行严格的军事训练，这就是红 2 军团军史上著名的洪湖练兵（亦称清水堡练兵）。

为使游击队员具备顽强的战斗精神和过硬的军事技术，做到既消灭敌人，又保护自己，段德昌带领游击队员们正加紧日夜训练。只见段德昌和赤卫队长彭国材站在指挥船上在前头领航，其余的 29 只小船，像大雁展翅似的排成两行，跟着指挥船前进，高昂的歌声此起彼伏地回响在宽阔的湖面上：

大雁飞翔在万里蓝天，
排列成人字形队伍，
高歌向前；
穿过层层的云朵，
寻找温暖的春天，
雁像人，人如雁，
不畏山高路又远。

当船队来到预定的湖面时，段德昌把29只小船分成4组，每组相隔大约1000米远的距离，东西一字儿摆开抛锚。

队员们脱下衣服，赤膊短裤，身上背着装有4斤石头的挎包（石头当手榴弹），拦肩一条4尺多长的梭镖（梭镖当长枪），精神抖擞地立在船头上。一声长哨音，队员们一齐跳入湖中，列成方块队形，朝着4组船停泊的目标，猛游起来。

队长彭国材的游泳本领很高，大家都以他的游泳动作为标准，跟着往前游。只见碧蓝的湖面上，一会儿露出一片人头，一会儿又沉入水中，像一群水鸟争食，更像一群蛟龙戏水，时分时合，白

浪生花。

太阳已经正当顶，队员们擦干身上的水，穿好衣服，正要吃带来的“荷叶包饭”，段德昌突然命令：“分组划船射击！”他用手指着水上漂动的4朵荷花说：“打中荷花再吃饭。”说完，跳下水。

彭国材带着3个队员拿着荷花踩水前进，29只小船紧紧咬住不放。那小船上都是每个中队挑选出来的神枪手，一手撑篙，一手举着驳壳枪。正当他们向荷花瞄准时，手持荷花的队员一个猛子扎入水中，荷花突然在船队的后面出现。小船呼地一齐调过头来，可这时荷花又不见，连着几个来回，没有一只船上的神枪手能打中一朵荷花。这一下，可惹火了这些神枪手。

“飞雁都打落过，还没见到这种打法呀？”

“敌人也是人，不是飞雁！”

“反正没见过！”

“我打给你们看看！”段德昌操起撑篙，使劲地把船朝前一撑。彭国材和3个队员举起荷花，出现在他前后左右。段德昌猛地转身一扬手，“叭叭叭叭”连发4弹，那4朵荷花一个接一个应声落水。

“好啊！好啊……”队员们在小船上跳着，叫着，一齐朝指挥船划来。彭国材站在船头，呼喊道：“大家都过来！听听段大队长介绍快速射击的经验。”

“经验倒没有，我给大伙讲一个亲身经历的故事吧！”段德昌微笑着说：“北伐时期，我在湘军第1师政治部工作，常随彭德怀所在的第1团行动。1926年9月，第1团奉命围困武昌城南门。在围城的日子里，我常和彭德怀在护城河边散步、谈心，身边也没带警卫。一天午夜，10多个敌兵突然由护城河里冲了出来，将我俩包围。一个敌兵端起刺刀，就朝着我直刺而来，我连开3枪，都没打着敌人。彭德怀回身向那个敌兵一枪，敌人一头栽倒在我的脚下。我连忙拾起敌人的长枪，对着围向我的其他敌兵，彭德怀见我心慌手颤，一把夺过我手中的刺刀，突然一个猛扑，又一个敌兵倒下了，其余的吓得连连后退。我俩迅速背靠背地站在一起。正好警卫排赶了过来，才将我俩解围。”

段德昌苦笑着说：“这都是平时训练少的原

因。第二天，我问彭德怀：‘你枪法真准，动作又快，有什么诀窍？’他说道：‘诀窍只有一个，就是勤学苦练嘛！’”

附近的赤卫大队队员，听说洪湖游击大队在龚家湾练兵，特地煮了几大桶绿豆汤送了过来，段德昌招呼大家上岸，才开始吃午饭。

队员们坐芦林中，一边喝着甜丝丝的绿豆汤，段德昌一边布置着下午的训练课目。

队员们顾不上休息，开展在敌人火力下运动的演练，有的在“滚进”，有的在“跃进”。段德昌不停地给队员们做着示范动作。

训练匍匐前进时，段德昌先做示范，然后命令队员照着做。一位叫史水平的队员刚爬了一会儿，就像泄气的皮球，趴在土沟里不动了。

段德昌走过来，问道：“为什么停下来？”史水平一抬头，见是大队长，愁眉苦脸地答道：“我……我心发慌，眼前金花乱冒，实……实在是爬不动了！”段德昌厉声命令：“起来，往前爬！训练场就是战场，只有平时多流汗，战场上才能少流血！”

史水平一咬牙，昂起头，继续向前爬去。彭国材在一旁看着，不禁心软起来：天太热，太阳很毒，应该让大家到凉棚去歇一歇。但听了段德昌的话，立刻打消了这个念头。他明白，艰苦训练，不只是练出队员们的本领，也是练出队员们的意志和精神。只有意志坚定，精神顽强的人才能不怕一切艰难困苦，才能敢于战胜任何最凶恶的敌人。

彭国材能够理解段德昌的心，他笃信“慈不掌兵”的信条。

训练结束时，游击队员们个个精神抖擞，列着队，喊着口号，在段德昌的带领下，往营地里走。这时，彭国材突然发现段德昌赤着双脚。他问警卫员：“大队长的鞋呢？”警卫员说：“史水平在训练时，草鞋陷在淤泥里，大队长把自己的草鞋脱给他。”

彭国材一边脱鞋一边说：“你们这些小鬼，嘴上无毛，做事不牢。这滩上到处是螺蛳壳、尖芦桩，没有鞋怎么行？快给我拿去！”小王双手接过鞋，做个鬼脸，伸伸舌头，急奔而去。

03 驰骋湘鄂西

“火龙将军”留美名

1929 年 3 月，成立不久的洪湖游击大队，经过几乎残酷的军事训练后，整体军事素质和战斗力都有了很大的提高，并且很快在实战中得到检验。大队长段德昌率领游击大队出其不意、灵活机动、水陆并进、声东西击，横扫荆江两岸之敌，在 17 天内打了 21 个胜仗。

就在段德昌率领游击大队取得节节胜利之时，国民党军 1 个营会合当地的“清乡队”向段德昌洪湖游击大队发起进攻。一天，一个渔霸充当“内奸”，将“清乡队”偷偷引向段德昌所在地贺刘墩。

这时段德昌正在部署反清剿作战，忽然一个

战士大汗淋漓地跑进了指挥所报告："大队长，不好了，敌人打来了。"

段德昌说："不用慌，慢慢讲。"

他听了情况汇报后，发现敌人是从南面逆风而行，正好今天湖上刮着北风，立马计上心来。他一面派人去水上通知援军，一面命 20 多个游击队员，在敌人必经的堤坝上堆起三道草墙，并派部分兵力把守。当敌人沿着湖堤走来时，遇到第一道草墙，正感到奇怪，忽见草墙燃烧起来，顿时浓烟滚滚，黑烟顺风吹向敌群，熏得敌人睁不开眼，呛得透不过气来。敌人好不容易越过第一道火墙，忽见眼前第二道草墙又燃烧起来，草墙北边突然响起密集的枪声，有的敌人来不及还击就倒地了，大胆的敌人向前冲来，在第三道燃烧的草墙面前，不敢越池半步。这时，彭国材带领游击健儿就如猛虎下山打了过来，打得敌人七零八落。包括"清乡队"队长在内的大部分敌人被打死，其余的残兵在慌乱中拼命逃了回去。3 把大火，烧出一个英雄的美称，段德昌被洪湖人民誉为"火龙将军"。

4 月的一天，段德昌率领队伍行至监利县朱河以南的天育墩，见这一带的村庄家家门户紧闭，田地荒芜，见不到一个人影，他感到十分纳闷。经打听，才知道这里的男女老少都被“铲共团”抓去挖壕沟、修工事了。

深夜，天空布满繁星，微风在湖面吹起一道道波纹，半轮新月透过淡淡的云层，给湖面洒下一片斑驳。段德昌等人隐蔽在苇丛深处，研究消灭“铲共团”的行动计划，决定由彭国材带领 10 多名战士扮成民工混进敌人据点，其余部队利用洪湖河港交错，苇林茂密的自然条件，内外配合，打敌人一个措手不及。

第二天天刚蒙蒙亮，一阵嘟嘟的集合哨声打破了黎明前的寂静。不一会儿，“铲共团”兵营的操场上，站满了出操的队伍。这时，装扮成民工的彭国材等游击队员，随着修工事的民工队伍正好路过这里。

彭国材见操场上出操的士兵，把枪支架在了旁边，心中暗喜。他给熊大海递了个眼色，熊大海等队员会意地点了点头。突然，彭国材把手一挥，大喊了一声：“快！”说时迟，那时快，10 多名战士鱼跃般地冲进操场，以极快的动作，把枪支全部抢到了手中，使正在出操的士兵顿时傻了眼。正在抽鸦片的“铲共团”团长李生灿听说游击队打进来，慌得像老鼠一样，钻进了还没修好的地道。民工们和游击队员一起将“铲共团”的士兵制服，并将修建的工事一把火点燃了起来。霎时间，浓烟翻滚，火光冲天。段德昌率大队人马冲杀进去，将敌人一举全歼，就地处决“铲共团”团长李生灿。

随着洪湖游击队的不断壮大，部队缺医少药的问题十分突出，许多战士生了病，得不到及时救治，致使非战斗减员的情况特别严重。不久，段德昌从攻克仙桃镇缴获的财物中，分出 1000 块光洋，采购医疗器械和药品，又多次到仙桃镇的“惠康诊所”，动员西医李谷生参加游击队，与峰口有名的中医孙光浩组成红色医疗队。这支医疗队的成立，在革命武装斗争中，为挽救红军战士的宝贵生命发挥了重要的作用。

8 月下旬，段德昌又派人在汉口日租界筹建了一所“华美医院”，它实际上是洪湖游击队的一个联络点，帮助暗中购买枪支弹药、医疗器械和药品，护送党的地下工作人员。“华美医院”的建立，进一步疏通了洪湖至武汉的地下交通。

有一天，周逸群来到洪湖游击队，不仅给段德昌带来了中央的指示，还带来了毛泽东、朱德在井冈山创建革命根据地的消息和建设红军部队的经验。这使段德昌欣喜若狂，他经过仔细研究后，决定按照毛泽东的办法改造洪湖游击队。首先，建立部队中的党组织，在中队以上各级设立党代表，在中队以下的分队建立党、团支部，发展党团员；其次，建立士兵委员会，一切工作都由士兵委员会讨论研究决定，每个士兵不仅是革命的战斗员，而且是群众斗争的组织者和宣传者；最后，在中队以上设立巡查队，负责维持纪律，每队３人，由士兵轮流担任，有权纠察违犯纪律的官兵。游击总队还建立了作战讲评制度，普遍推广“讲评会”的方法，每次战斗后召开参战人员会议，发扬民主，进行讲评，总结经验教训。

段德昌将这些纪律编成好听好记的歌曲，亲自教队员们传唱。他在《红军纪律歌》中这样写道：

大马刀，红缨枪，我到红军把兵当，
革命纪律要遵守，共产党教导记心头。
行动听指挥，团结又友爱；
官兵同甘苦，平等来互助；
吃苦抢在前，享受放后头。
大马刀，红缨枪，我到红军把兵当，
革命纪律要遵守，共产党教导记心头。
爱护老百姓，到处受欢迎；
遇事问群众，买卖讲公平；
一针和一线，不损半毫分。

《红军纪律歌》语言通俗，教诲亲切，节奏简明，韵律优美，深受战士们的喜爱，他们走到哪里就唱至哪里，很快传遍洪湖水乡。

智取峰口镇

段德昌和周逸群在洪湖地区1年多的斗争实

践，不仅创建了一支闻名遐迩的洪湖赤卫队，还创造了一套实用的水上和平原游击作战战法，这就是："敌来我'飞'，敌去我归，敌多则跑，敌少则搞。"与后来毛泽东提出的"敌进我退，敌驻我扰，敌疲我打，敌退我追"的游击战术原则有异曲同工之妙。

1929年春，段德昌率洪湖游击队进入江陵、石首、监利开展游击战争，创建了3县红色政权。当地有个沔阳保安团，团长张泽厚是沙口镇有名的恶霸，拥有良田千顷。他效仿曾国藩，从训练家丁入手，招集地痞、流氓和惯匪，组编一支500余人的队伍，控制着峰口、府场一带，成为沔阳实力最强的地主武装。张泽厚心狠手辣，无恶不作，气焰嚣张，凡是落入他手中的共产党员、游击队员一律处死，有时对待所谓的"犯人"，采用极其残忍的五马分尸、开膛破肚、点天灯等手段，被当地人称为"混世魔王"。段德昌决定给他一次狠狠的打击。

战前，段德昌做动员时，教战士们唱了一首歌曲：

老子本姓天，家住洪湖边。
有人要捉我，除非是神仙。
枪口对枪口，刀尖对刀尖，
有我就没你，你死我见天。

其实，攻打张泽厚根本不用动员，老百姓对他早就痛恨不已，游击队员更是恨之入骨，情愿与之俱亡。但是，张泽厚老谋深算，兵强马壮，从来没有打过败仗，游击队能战胜他吗？队员都很担心。

段德昌经过周密筹划，决定采取“端窝智歼”的办法。他先派部队攻下张泽厚的家乡沙口镇，活捉张泽厚的父亲——一个无恶不作的大地主，批斗游街后斩首示众。同时将张家的大管家抓起来痛打一顿，然后将他放掉。张家大管家如同丧家之犬，连夜逃到张泽厚的驻地峰口镇，一把鼻涕一把泪地向张泽厚哭诉着张父被杀的情况。张泽厚听完后气得咬牙切齿，恶狠狠地发誓说：“不报此仇誓不为人！”

随后，张泽厚带领500多名保安队，趁着夜暗，杀气腾腾直扑沙口镇。不想却闯进段德昌早已设好的伏击圈。随着段德昌一声枪响，游击队员一起开火，一条条火舌伸向敌阵，一颗颗手榴弹在敌群中炸开花，把不可一世的保安团打得措手不及，死伤一片，其余的也四处逃散，张泽厚在卫兵的保护下，狼狈地逃回了峰口镇。

大败保安团后，段德昌带领的游击大队名气大振，为防止张泽厚报复，洪湖各地也都建立守备大队。每大队有船 12 只，下属 4 个小队，每小队有船 3 只，每船 3 人，配备一门土炮，一支土枪，活动于洪湖的各个水口，配合游击队作战，形成了一道强大的苏区保护网。

随后，段德昌又把打击的重点指向“混世魔王”张泽厚保安团的驻地峰口镇，这里是附近的渔霸地主及保商团等各色反动分子聚集之地。张泽厚在此经营多年，街道两头架起高大的防护栅栏，两座钟楼里布设着岗哨，还安放着大钟作为警报。

张泽厚在沙口镇吃败仗以后，增派重兵在大石桥上把守，在峰口周围挖有几丈深的水壕，还在河底栽上梅花桩等障碍物。

段德昌派出侦察人员，对峰口镇的防守情况和兵力部署进行了详细侦察，多次研究攻打方案，最后决定先派游击队员包围峰口镇，并派一部分人员进行试探性进攻。

初次交战，游击队遭到保安团猛烈火力的压制，布置在水面运动的几十只小船，也多被水下的梅花桩顶穿。张泽厚自以为自己势力强大，游击队真是不堪一击，于是，大摆酒宴，以庆“胜利”。段德昌通过这次交战，摸清了对方的火力和水下障碍物，果断停止进攻，改成围而不打，等待时机。

张泽厚也没放松警惕，为防止游击队再袭，封锁了所有进入峰口镇的道路，对进入镇内的人员严加盘查。几天后，段德昌得到情报：镇内守敌要求渔夫送一批活鱼进入镇内。段德昌找到渔夫问清了情况，商定由游击队来替他送鱼。

第二天清晨，扮成渔夫的战士，挑着各种鲜货的鱼担，大摇大摆地来到通往镇内的桥头。几名守桥的团防士兵端着枪，上前拦住厉声问道：“你们是干什么的？”

“给长官送鱼的。刚打起来的活鱼，又肥又大。”走在前面的“渔夫”回答说。

守桥的团防士兵上前一看，高兴地对另一个士兵说：“看来今天可以打打牙祭了。”然后向“渔夫”一挥手，说：“快快送去吧。”“渔夫”送完鱼后，按照段德昌事先的交代，先对几个重要的位置进行了侦察，然后隐藏了起来，等待时机的到来。

入夜，云遮月，万籁寂静。镇内保安团的士兵狂欢过后，有的已开始蒙头大睡，有的还在饶有兴致地赌钱。

镇外，段德昌挑选了一批水性好的战士，分乘两个木排，慢慢地向街两头的钟楼驶去，其余部队在陆地上隐蔽到达指定位置。与此同时，潜入镇内的战士，也悄悄地接近守桥的敌兵。

午夜，早已潜伏在桥边的战士，干掉了困意正浓的守桥敌兵，然后向河面上闪出几次幽暗的光亮。段德昌看到信号，命令木排上的战士迅速靠岸，陆地上的游击队员们也勇猛地冲过了大石桥，进入镇内。正在睡梦中的敌兵被这突如其来的游击队吓得魂不附体，大部分来不及还击就束手就擒，少数顽抗者即刻做了刀下之鬼。

峰口之役是一次成功的夜袭战，消灭守敌 1 个营，缴获轻重机枪和步枪 200 多支，获得大量布匹和其他物资，游击队声威大震。

洪湖游击大队通过在江陵、监利、石首的一系列军事斗争的胜利，一中队发展成了一、三两个中队，二中队变成了二、四中队。1929 年 7 月，鄂西特委命令监（利）沔（阳）游击大队和江（陵）石（首）华（容）等 4 个中队的游击队在三屋墩合编成鄂西（洪湖）游击总队，由周逸群兼任总队长，段德昌任参谋长（后接任总队长），下辖 3 个大队。原在监利、沔阳活动的游击队为第 1 大队，大队长是王尚武、党代表王鹤；原在江陵、石首活动的游击队为第 2 大队，大队长兼党代表段玉林；沔阳新扩充的游击队为第 3 大队，大队长卢先湖、党代表彭国材。每大队均辖 3 个中队。为便于部队发展和补充所需的骨干，特委还从部队和江陵、沔阳、石首、汉川等县

选调了一批基层干部，成立教导队，由总队直接指挥。

12月，鄂西特委根据中央指示，将鄂西游击总队在峰口镇扩编为中国红军独立第1师（又称中央独立师），段德昌任师长，周逸群为政委，全面指挥鄂西地区游击队。全师下辖3个纵队：第1纵队由原第1纵队、第3纵队和沔阳游击大队合编，王一鸣任司令，下分两个大队、6个中队；第2纵队由原2大队和石首、江陵等游击队合编，段玉林任司令，下分4个中队；第3纵队则以长阳游击队为主干，另加钟祥、江陵西北和荆门城南等游击队进行组建。人员约5000人，枪1000多支。

这一时期，段德昌、彭国材和段玉林等领导的各部红军游击队互相呼应，密切配合，积极开展游击战争，粉碎了国民党军队和团防队的“清乡”计划，使革命根据地有很大的发展。在洪湖、白露湖等河湖汊交错的江汉平原上，形成初具规模的洪湖根据地。

威震荆江两岸

1930年2月5日，独立第1师改编为中国工农红军第6军，孙德清任军长（后由旷继勋接任）、周逸群兼任政治委员、许光达任参谋长。下辖3个纵队，第1纵队司令员段德昌，政委王鹤；第2纵队司令员段玉林，政委由军参谋长许光达兼任；第3纵队由当地"神兵"改编，特委派任司令员，全军约5000人。红6军的成立，使得以洪湖为中心的鄂西根据地得到很大加强。部队驰骋于荆江两岸，转战于河湖港汊，出没于芦荡蒿丛，巧妙地打击敌人。

2月7日，红6军在新观寺召开万人大会，纪念京汉铁路二七大罢工7周年，誓师出征。会后，段德昌和王鹤立即率领第1纵队踏上北上的征途，一举攻克潜江县的龙湾、熊口、老新口和张金河等地。每到一地，段德昌就协助当地政府开展减租减息运动，发动群众开展斗争。当时，龙湾革命委员会宣布，对当铺实行“20元以下无本取当，20元以上无利取当”的政策，深受人民群众的欢迎。

7月15日，红6军又挥师东进，攻克监北重镇新沟咀和沔西渔阳镇，歼敌新5师一部，使沔阳、江陵、石首、监利、潜江5县的革命根据地连成一片。

面对红6军风卷残云之势，国民党湖北省政府和蒋介石第三编遣区主任刘峙，急令两个团进驻江陵县郝穴镇，又令夏斗寅部开赴沙市新观寺，会同当地团防把守。红6军决定抓住敌兵力有限和顾此失彼的时机，挥戈直指潜江县城。

22日，红6军一部包围县城并发起进攻，猛烈的火力一齐打向守城之敌，打得县团防无招架之力，稍作抵抗，便纷纷弃城而逃。仅半个小时战斗结束，缴获长短枪百余支、子弹4000发，生擒县团防副大队长、警察局局长及土豪劣绅多人。红6军在城里召开群众大会，处决了一批罪大恶极的反动分子，将收缴的财物分给了穷苦百姓。成立了潜江县苏维埃政府，建立了各区、乡苏维埃政权。红6军在全县进行广泛宣传和发动，先后有600多名青年踊跃报名参加红军。

3月8日，段德昌率领第1纵队，向驻守在郝穴镇的国民党岳维峻独立第14旅两个营发起进攻。战斗拂晓打响，一时间，镇四周枪声大作，火光冲天，段德昌带领官兵不一会儿便杀入街中。镇内守敌不知虚实，一边顽强抵抗，一边请求岳维峻派兵增援。岳维峻得到报告，立即派1个团前来支援。这时，第2纵队许光达、段玉林带领部队正埋伏在敌援军经过的路上，打得他们措手不及，阻止了敌人的增援。郝穴镇两个营的守敌全部被消灭，其中俘敌80余人，缴枪160余支。

12日，段德昌率第1纵队进攻沙市外围的观音寺据点。敌闻讯纷纷溃逃，观音寺失守，荆江两岸的守敌十分恐慌。18日，段德昌乘胜指挥部队向监利朱河镇进逼，在当地农军的配合下，又一举将朱河镇1个团的守敌击溃。

红6军在荆江两岸所到之处，不仅使敌人闻之丧胆，人民群众参与斗争的热情也被激发得空前高涨，苏维埃政府如雨后春笋纷纷建立起来。二三月间，潜江、石首、监利、调弦口等苏维埃政府相继成立。随之，江陵、沔阳东南区苏维埃政府的红旗也飘扬在荆江岸边。4 月初，红 6 军又挥师跨江南下，先后攻克江南藕池、调弦口和石首县城等地，极大地推动了公安、石首、华容、南县等地群众的革命斗争。在这片广袤的土地上，建立联县苏维埃政权已经成熟，红色割据的局面逐渐形成。4 月 10 日，中共鄂西特委在调弦口召开鄂西第一次工农兵代表大会，选出了以周逸群为主席的鄂西联县苏维埃政府，政府内设秘书处和土地、财经、水利、军事、文化等委员会和政治保卫局等机构，段德昌负责军事委员会。洪湖革命有了统一的行政领导机关，从而开始了苏区建设的新阶段。

战“洪魔”保苏区

1930 年，鄂西的汛期来得特别早，一连下了好几天大雨，长江和汉江水势猛涨，波浪滔天。位于长江中游下荆江以北的东荆河，水位也随之不断增高。东荆河南岸的白庙，是南、北东荆河河水汇合的“龙口”，迎流顶冲的河堤险情不断加剧，河堤上，报警的铜锣“哐哐”地敲个不停。

沔阳县苏维埃政府主席郑重，已带领乡亲们在河堤上战斗几天几夜了，今天更是急得团团转。东荆河堤多年失修，但每年土豪劣绅们都以修堤为名，搜刮民膏民脂，钱送去了，堤坝却总不见加固。当地流传着这样一首民谣：“堤工压筋骨，有堤不如无；岁岁来洪水，年年欠五谷；穷人生活苦，老少相对哭。”

此时，郑重心里着急的是，洪水要是从这里决口，不仅会给苏区人民带来深重的灾难，更重要的是直接影响红 4 军和红 6 军会师的计划。眼下，洪水还在上涨，急需更多的劳力来加固堤坝，全县该动员的力量都已动员了。

远方又传来“哐哐”的报警声，郑重急出一头冷汗，他冒着大雨冲到大堤上，忧心地望着那报警的堤段。雨雾中，忽然隐隐约约地看见不远处有一大队人马向白庙大堤跑来。他不由得一阵惊喜，回过头来对身旁的人说：“小柳，咱们赶紧过去看看那是哪儿来的人。”说完，就急匆匆向前走去。

不一会儿，迎面而来几个身披着雨布的人。由于风大雨急，来人看不清面目。突然，他听到有人喊：“是郑主席吗？”郑重觉得这声音好熟悉。他停住脚步，用手擦了擦挂在眉梢上的雨水，惊叫道：“是段总队长啊！可把你们给盼来啦！”连忙上前拉住他的手，激动万分。

段德昌说道：“部队刚到峰口，就接到上游童家剅的紧急电话，说汉江上游又连降暴雨，一个特大洪峰已经形成，明天将到达你们这段水域，估计水位要超过堤的高度。”

郑重一听，为难地说道：“哎呀，那怎么办呢？”

段德昌说：“我把队伍都带来了，赶紧筑堤，你说怎么干吧。”

郑重心里不知说什么好，刚才还为劳力发愁，现在真是天降神兵了。他说道：“现在只能是在老堤上面，用土石筑一个临时子堤，外护芦苇岗柴枕把防浪。”

“好，咱们赶紧分个工，明确一下任务，来一个军民大会战，共战‘洪魔’。”段德昌的话，一下增添了郑重的信心。

于是，他们在堤上开了个简单的会，然后分头进行布置。郑重安排区、乡干部，动员百姓，拿来所需的芦苇、岗柴、木桩等筑堤器材，还有许多准备夜战照明用的“夜壶灯”。

战士们长途急行军到此，也顾不得休息，段德昌就命令以大队为单位，分片划段，把部队布置在长达 1 里多长的干堤上，摆开了“筑子堤”的战场。由于风大雨急，战士们的防雨斗笠都戴不住，干脆都光着头、露着身，任凭风雨淋。他们有的挖土、有的挑筐、有的装袋、有的扛包，干得热火朝天。

段德昌在堤上来回查看，一边鼓励战士，一边指挥着干。哪里任务最重、最危险，他就和战士一起战斗在哪里。

中岭段是曾多次溃口的地方，第 1 大队 2 中队负责这段的加固任务。这里堤内是龙潭，潭边是一片芦苇滩，筑堤用的土石，要绕过芦苇滩到很远的地方去取，密密麻麻的芦苇，挑着担子无法通行，靠传送上堤，进度又很慢。中队队长李铁青急了，他找民工借了 10 多把镰刀，组织一个分队“哗哗”地割起芦苇来。他们要割出一条挑土的道路来。1 个小时过去，李铁青回头一看，只见才前进了 200 多米，顿时急得双脚直跳，大声喊：“再加一个分队！”

“再加一个分队，没有镰刀怎么办？”有人问。

李铁青气冲冲地说：“没有镰刀，用手扯！”

“这要扯到什么时候呢？”

李铁青正想发火，他抬头一看，见是段德昌总队长，连忙敬了一个礼，红着脸低头不语了。

段德昌把披在身上的雨布双手拉紧，对几个站在前面的战士说：“你们让开一下！”说完，朝芦苇上一倒，然后“骨碌碌”地向前滚去。高高的芦苇被他的身体压得“咔嚓咔嚓”地响，他滚过的地方，芦苇一排排地倒了下来，出现一条正好够挑土担子通过的小路。

李铁青和战士们被这突然举动惊愣住了。过

一会儿，他们才明白是怎么回事，立即奔上前去，抢在段德昌的前面，继续朝前滚去。

经过一天一夜7000多军民的共同奋战，终于在洪峰到来之前，筑成了一条1公里多长，高1米宽2米的子堤。

天色渐泛鱼肚白，洪峰咆哮着到来，它裹着乱七八糟的杂物，一阵比一阵更猛烈地冲击着原有的堤面，一时比一时更狂地上涨，大有一口吞掉临时筑成的子堤的架势。

段德昌浑身泥水，双眼通红，声音嘶哑，拖着疲惫不堪的身体，赤着双脚，四处检查。郑重再也忍不住，恳求说："总队长，歇一会儿吧，别累病了！"段德昌一笑："同志哥，这会可歇不得啊，船怕横头浪，水涨怕回头哩！"

就在这时，"哐哐哐"的报警声，一声比一声急！

段德昌和郑重赶到险段，拨开人群一看，老堤并没有冲垮，只是洪水已超过了原有堤面，现在全靠临时筑成的子堤挡水，风浪掀走防浪的枕把，水一泡，那子堤就像馒头一样软塌塌，吱咕吱咕地直冒水。如果不立即采取抢救措施，子堤就有倒塌的危险。段德昌果断地一挥手：“快打排桩护子堤！”

不一会儿，大家搬来了木桩和门板。但水大浪急，木桩打不下去，门板也无法固定，眼睁睁地看着刚筑起的子堤被大浪冲刷着，有的土块被浪卷走，有的被浪冲成一个一个蜂窝孔。

段德昌脱下身上的军服，转过身来，两眼直盯着面前的战士：“同志们，为苏区群众的生命财产安全，现在只有一个办法，下水去！”说完，转回身，“扑通”一声跳进水中。

郑重和在场的战士，全都脱衣跳到水中，筑起了一道人墙，挡住汹涌的浪头，然后组织人迅速把一根根木桩打了下去，加固起门板。

虽然是大热天，河水还是浸得人全身骨头发麻，后背被大浪打得如钢针在扎。郑重正想开口请段德昌上堤去，突然看到段德昌脸色煞白，嘴唇发紫，他身子踉跄了几下，栽倒在水中。

“总队长！”郑重一声惊叫，连忙招呼战士们一起把段德昌从水中救起扶上堤。在大家的一片叫喊声中，段德昌慢慢地睁开眼睛，见大家都围在他身边忙得团团转，连忙起身，诙谐地笑着说：“刚才是龙王爷请我去谈判，那老家伙怕红军打到龙宫去，同意无条件撤兵。大家还要再坚持一下。”

段德昌见大家还是围着他不动，支撑着站起来：“你们要拼、我一起去，那好，走吧！”

面对这样的红军领导，战士们人民群众还能说什么呢？只好一把抹去眼泪，转身跳进水中。

天开云散，一轮红日喷薄升起，满天朝霞，灿烂辉煌。东荆河堤巍然无恙，而且显得更加高大。为害千年的凶猛洪水，在革命军民面前低下了头。

智克“白极会”

1930 年 5 月，段德昌奉命到上海参加全国红军代表会议。党中央决定扩大红军并组建红 2 军团，指示红 6 军移师打通通往湘鄂西的道路，迎接贺龙领导的红 4 军进入洪湖，以便两军会师进攻武汉。

段德昌返回根据地后，与军长旷继勋、政委周逸群一起率红 6 军南渡长江，在江南群众和赤卫军的配合下，首先攻克华容，歼灭了何键派驻华容的敌军；接着连克石首、南县两个县城，歼灭了敌人的大批有生力量。7 月 1 日，红 6 军攻克公安县城，4 日，进入公安的陡湖堤，与贺龙率领的来自湘鄂边的红 4 军胜利会师。贺龙一见到段德昌就毫不客气地擂段德昌一拳，说道："行啊，德昌，你与逸群白手起家，不到 3 年就拉起六七千人的部队。"

段德昌说："胡子，洪湖是块宝地，这次来就不要走了。"

"不走，不走，我们要在这里组建军团，把湘鄂边和洪湖连接起来，创建板块更大的湘鄂西根据地。"贺龙点头道。

会师后，根据中央指示，红 4 军改称红 2 军，红 2 军与红 6 军合编成红 2 军团，贺龙任军团总指挥，周逸群任军团政委，参谋长孙德清，政治部主任为柳克明（柳直荀）。红 2 军团下辖第 2 军、第6军，旷继勋任第6军军长，段德昌任第6军政委。

红2军团进入洪湖根据地后，军团前委决定首先消灭为害最深的反革命地主武装“白极会”（亦称“反共军”），打开敌人重兵盘踞的监利县城。

“白极会”这个反动会道门组织装神弄鬼，愚弄民众，特别是他们吹嘘的“刀枪不入”的神话使许多民众心生畏惧。为了清除民众的恐惧感，获得老百姓的支持，段德昌对几个干部战士如此这般地交代了一番，要他们去“白极会”请“老师”。大家听后会心一笑，便换农民服装，前往“白极会”甚嚣尘上的东荆河以北地区，十分虔诚地请来“白极会”的3个“老师”（会首）前来传教。段德昌一边暗令战士们陪同“老师”在峰口镇河南岸教堂楼上烧香、拜佛、念咒；一边在镇中心草坪召开军民大会。等着3位“老师”烧香拜佛完毕，下楼的几名战士，上前将他们扣住，并摘下其宝剑，把3人绳捆索绑押至会场。段德昌故作惊讶，批评战士说：“哪有这么不尊敬‘老师’的？不过，‘老师’有刀枪不入的神功，不会在乎这几根破绳子，也不会跟你们几个毛头小伙子计较。”这几个“老师”听段德昌这样一说，个个都来了精神，横眉冷眼地说：“对师长的不恭，就是对无量佛祖的不敬，是要遭报应的。想学刀枪不入的神功，没门！”

战士们起哄了，有的说：“我们不信，除非当场试试。”段德昌掏出手枪说：“你们还怀疑，我就要让大家见识他们的真功夫。”有个战士应声道：“眼见为实，真金不怕火来炼，打两枪就晓得是真是假了。”段德昌说：“你是不到黄河不死心，那我就放两枪给你们看。”有个“老师”见势不妙，说：“把我们捆着，叫我们如何做法？”段德昌给3人松了绑，3位“老师”故意吐故纳气，一见段德昌转过身去有两个拔腿就跑，段德昌回身，“砰、砰”两枪，只见两个“老师”胸前窟窿冒血，倒了下去，旁边那个“老师”只吓得两腿一软，磕头求饶。段德昌连忙阻止举刀就要砍下去的战士，喝道：“今天饶你不死，回去报个信，别再玩这骗人的把戏。”铁的事实胜于雄辩，段德昌消除大家对“白极会”的恐惧感和神秘感，那些受蒙蔽欺骗参加“白极会”的群众，也纷纷退会，该干什么就干什么去了。

“白极会”总头目周亮、陈定道听说之后，十分恼怒，心想，这不明明是断自己的财路！此时，这两个魔头心里恨透段德昌，就是末日来临，也要作最后一搏。

7 月正是洪湖雨季变幻较快的时节。一天，一声闷雷从空中滚过，一霎时又变天，乌鸦狂飞，乌云乱翻。“白极会”的总头目周亮率 5000 多匪徒像蝗虫一般，分 3 路由中革岭、白庙、朱新场渡过东荆河，向洪湖苏区的腹地——峰口镇扑过来。所经之地，烟尘滚滚，火焰冲天。

段德昌既捅了“马蜂窝”，揭穿了会首的骗术，就不会打无准备之仗。他在通往峰口大木桥的堤埂上，多处设置障碍物，桥面上撒满瓷碗碴、碎瓦片等尖角物。正当中午时分，“白极会”会徒从峰口南岸向红军发起进攻，170 多个大小头目，光臂赤足，胸挂太极图，头包白布，狂叫着：“天灵灵，地灵灵，无量佛祖护我身，杀死‘段匪’臭红军！”后面紧跟着黑压压几千名会徒，气势汹

汹、挥刀舞剑杀向桥头，均被拦阻在障碍物前。这些大小头目为显示神勇，翻过障碍物，直冲桥头，一双双赤足踩在瓷碗碴、碎瓦片上，鲜血直流，痛得退回，像一群被火燎的马蜂，叽叽喳喳散乱在大堤上。

段德昌见“白极会”还不死心，便下令“瞄准会首，给我狠狠地揍！”机关枪、步枪、手枪声此起彼伏，那些匪首被打得死的死，伤的伤，连滚带爬，只怨菩萨没有显灵。红军像插翅的猛虎，乘胜追击，一直追到中革岭，直捣“白极会”老巢石山港。这一仗，打得“白极会”元气大伤，东躲西藏。

段德昌部在彭国材所率游击队的有力配合下，继彭家场击毙陈定道后，又追至仙桃镇，活捉穷凶极恶的会首周亮等“白极会”头领，一鼓作气，踏平了“白极会”的巢穴石山港。这个靠镇压太平天国运动起家的反动帮会，自此销声匿迹，再也不敢在湘鄂大地上兴风作浪，洪湖人民再也不会受匪徒的欺负和蹂躏，从心底里感激段德昌消灭百年匪患。

著名的“峰口五峰桥保卫战”，歼灭了“白极会”几千人，捕杀了反动首领，缴获了大批马匹、枪支弹药，完全瓦解了这一反动武装，并乘胜攻克了沔阳、天门、应城、京山、皂市、安陆等城镇，开辟了襄北根据地。

至1930年9月上旬，红2军团在贺龙、段德昌的率领和指挥下，以锐不可当之势，驰骋在江汉平原，主力部队在战斗中不断壮大，已经超过3.5万人。荆江两岸、襄河两岸的苏区连成一片，监利、沔阳、石首、华容、江陵、潜江、公安7个县城均已为红军占领，苏区范围西至沙市近郊，北至天门、汉川，东至洪湖、岳阳，南至南县、安乡，纵横数百里。洪湖根据地处于极盛时期，为开展新的斗争打下坚实的基础。

04 铁肩担重任

被迫离开红六军

1930年9月初，在李立三“左”倾冒险主义的指示下，红2军团进攻沙市未克，接着又被命令向武汉进军，部队连连受挫。9月12日，党中央派邓中夏作为中央代表到达湘鄂西苏区，担任湘鄂西党和红军的最高领导职务。此时，邓中夏没有从湘鄂西的实际出发，继续执行李立三“左”倾冒险主义方针，命令红2军团渡江南下，配合红1军团、红3军团进攻长沙。随后，将鄂西特委改为湘鄂西特委，成立湘鄂西苏维埃联县政府，周逸群调离红2军团，任特委代理书记和联县政府主席，段德昌改任红6军军长，柳克明调任红6军政委。

12月17日，国民党军集中兵力向红2军团所在地杨林市发起猛烈的进攻。当时，红2军尚在公安，红6军仓促应战，由于防线过长，兵力分散，无法击退从沙市南来的敌湖北省保安师；而湘军李觉所部又从津市方面向北攻来。经过几天激战，3万多人的红军被打得只剩下1万多人，段德昌带领红6军余部和红2军团机关向西突围至刘家场，又经过两天两夜的急行军，来到湖北恩施鹤峰县走马坪进行休整。

正值寒冬，山区气候异常寒冷，天又阴沉沉的，让人看着心里打寒。段德昌身上只穿件破毛衣，外面罩上那件旧军大衣，冻得牙根打战。他抵御着刺骨的冷风，双手插在口袋里，缩起脖子，缓缓地穿过杨林寺街市，向红2军团指挥部走去。

贺龙正好从屋里出来，一边搓着手，一边向双手呵着热气，见到段德昌，劈头就问："德昌，发给你的棉衣呢？你又把棉衣送给谁了？你呀！"

段德昌走上前，指着贺龙胸前说："胡子，你是大门口挂灯笼——光照别人！你的棉衣呢？"

贺龙无奈地摇摇头："快进去吧，屋里已架起锅灶等豆子——准备吵（炒）一吵（炒）！”说完拉着段德昌进屋。

新来的军团政委兼前委书记邓中夏站在桌前，向段德昌点了点头，客气地让他坐在右边。说道：“现在会议开始，哪个同志冷，可以去烤烤火。”邓书记指指桌前的火盆，停顿了一下，见到参会的前委委员没有一个人坐到火盆边，接着说：“这个会是研究部队今后的行动方针。会前，我已分头征求过大家的意见，有两种主张，一个是上山，一个是下湖。有的同志说，这两种意见都是以巩固和建立根据地为思想基础的。”邓书记沉吟一下，接着说：“不过，依我看来，二者也大有区别。红2军南征后，敌军正向洪湖苏区大举围攻。事情明摆着，要是部队返回洪湖，不但不能保卫洪湖苏区，很可能连自己都会让敌人吃掉。如果部队转移到山区，就可以在那里凭借五峰、鹤峰、石门、长阳一带的有利地形，冲破敌人的包围，向外发展。我个人的想法是上山，今天把大家找来，就是要听听大家的意见”。

贺龙皱了一下眉头，掏出烟丝荷包和烟斗，

走到火盆跟前，就着红红的火苗点燃，随手把烟荷包递给红 6 军第 17 师师长许光达。许光达接过烟荷包，动手卷起烟来。第 16 师师长王一鸣，红 2 军第 4 师师长王炳南也抢过烟荷包，笑嘻嘻地卷起烟来。会议室里，烟气弥漫，没有人发言，大伙儿只是抽烟，拼命抽烟。

“段军长，你说说吧，到底是上山还是下湖？”邓书记为了打破这种让人窒息的沉闷，只好点将了。

段德昌半晌没吱声，朝贺龙看了一眼，贺龙笑着朝他点点头。这时段德昌才慢慢站起来，扯扯皮带下的衣襟，不慌不忙地说：“书记既然让我说，我就说说。书记到洪湖的时间不长，有些事没我们清楚，南征的失败，已经证明，洪湖苏区需要红 2 军团，红 2 军团离不开洪湖苏区，那里有苏区人民的支持，有很好的群众基础，我们能够站得住脚。我不理解，为什么要放弃洪湖这样好的老苏区，又去另创一个新的武陵山区根据地？”

“我们再不能坐在这里磨嘴巴皮子！”还没等段德昌说完，贺龙早沉不住气，插上来说：“眼下最要紧的是研究部队如何返回洪湖，以打破敌人的疯狂围攻！要是我们不回师洪湖，去保卫苏区，不仅战士们会有意见，洪湖父老更要骂我们，对革命将是犯罪。”

邓书记微笑着说：“胡子，我们是共产党领导的红 2 军团，不是大碗喝酒的绿林好汉。眼光要远大，不能只看到洪湖这个小天地，更不能感情用事。洪湖老区，河湖港汊交错，大部队活动不开，只有上山，建立一个像井冈山那样的第二个苏区。”

听着邓书记的话，段德昌心里很不是滋味，他几次想站起来插话，但都忍住了。他心想：南征之前，他对新来的邓书记印象很好，他为人正派，平易近人，愿听取不同意见，为克服红 2 军团内存在的缺点，加强红 2 军与红 6 军的团结做过很多的工作，干部和战士都挺尊重他。可是，在红 2 军团南下后，对是否要远离苏区去攻打中心城市的问题，邓书记与特委之间存在着分歧。当时段德昌认为这都是新书记执行错误路线的结果，在实践中会认清它的错误和危害。可是，南征失利后，段德昌渐渐发现这位邓书记思想僵化，教条主义严重。湘鄂西特委书记周逸群来信要求红军火速返回洪湖根据地。今天，他竟可以不顾洪湖苏区人民的死活，坚持要开辟新苏区，反而批评贺龙是感情用事！段德昌越想越激动，啪地一下站起来说：

“对！我们不是绿林好汉，可我们是共产党人，是人民的儿子！现在母亲掉到井里，儿子能见死不救吗？”他拉开身后的椅子，加重语气说：“洪湖人民好，地势也好，回旋余地大，敌人绝对无法把我们围困住。从来是‘得民者昌，失民者亡’。曹操 83 万大军下江南，周瑜以 5 万人马拒敌。赤壁一战，曹操大败而逃，最后只剩下几百人！难道我们红 2 军团连周瑜都不如，被 3 万多敌人吓得不敢回洪湖吗？！”

听到段德昌的一番话，邓书记也有点火，但他很快克制自己，随和地笑笑，说：“老段说得很好，有什么想法都可以说。下面谁再说？老汤，你也谈谈自己的看法吧！”

“我想，我个人认为”，时任红 2 军团参谋长的汤慕禹站起来说："段德昌同志刚才的发言，不仅是对中央代表个人的攻击，也是对中央路线，对今天会议的蔑视。我提请前委注意，这是非组织观点，是党纪不允许的！"

"啪！"段德昌把一只茶盅摔到地上。他脸色苍白，浑身都在微微颤抖，站起来要说什么，想想，又坐下了。他伸手抓过贺龙放在桌上的烟荷包，想卷支烟，可是手发直，怎么也卷不成一根。他干脆"啪"地把烟荷包甩在桌上。

会场里，一阵难堪的沉寂。

邓书记站起来默默地踱步，突然停住："我同意段德昌回洪湖去，由汤慕禹同志接任红6军军长！"

"我不同意！"贺龙说道："政委，不经特委同意，就撤换段德昌同志的红6军军长职务，是党的组织原则不允许的！"

"我愿意回洪湖！不知政委能给我多少人枪？"没等贺龙把话说完，段德昌插一句。

贺龙诧异地望着段德昌。

邓书记脸上露出喜色："同意回洪湖，这就很好！在第二次攻打津市时，部队伤亡很大，你很清楚，抽不出多少人来，只能带走伤员！”

段德昌一听愣住了，半天不明白这是什么意思。但是随后陡然醒悟过来，一股热血涌上头顶，他做梦也想不到，这是要他只身回洪湖啊！红 2 军团南征时，不仅没有留下部队，而且，地方武装差不多都被带走。但他一想有特委和周逸群的领导，以占据河湖港汊的有利地形，只要广泛发动群众，武装群众，开展游击战争，保住洪湖苏区是不成问题的。想到这里，他猛地站起身：“行，我敢在这次前委会上立‘军令状’，一定要保住苏区！丢掉洪湖苏区，我承担一切责任！”他目光灼灼地逼视着邓书记说：“政委，你如果使红 2 军团遭受损失，创建不了武陵山区根据地，将承担什么责任？你敢立军令状吗？！”

邓书记经不住他那严峻目光的盯视，说一声：“散会！”一扭身离开会场。会议不欢而散。

第二天拂晓，段德昌赶往洪湖，贺龙把段德昌送出走马坪。

分手前，段德昌郁闷地说：“现在我担心的不是洪湖苏区，而是红2军团的命运。湖南军阀何键调集李觉等部18个团的兵力，已步步进逼，而我们还在杨林寺徘徊犹豫，战线拉得过长，有被敌人一口吃掉的危险啊！”

贺龙点点头说：“你走后，我一定提醒邓书记。”他叹口气：“就怕又要争吵啰。”

段德昌说：“你跟他争也不解决问题！他代表中央，不听怎么行？不过，也没有什么，天下本来就没有笔直走到底的路。实践将会证明，谁对谁错！”

贺龙摇着头：“就怕到那时部队已被搞垮啊。”

段德昌接过话：“这是完全有可能的。但是，有山就有路，有河就有渡，有困难就有办法克服。原来我们一条路也没有，也干起来了。万一红2军团要垮，我们还会干起来！”

段德昌背着铺盖卷儿，他的马，早已让给伤员骑了。他在担架队的后面走走停停，一步三回头。

贺龙长吸一口烟，徐徐地说：“德昌，安心回去，洪湖人民需要你，再拉一支队伍。”

段德昌想到与他生死与共的洪湖人民，正处在战火的蹂躏之下时，便忘记了个人的得失，匆匆离开红 2 军团，返回洪湖根据地。

再返洪湖创新军

1931 年 3 月，根据中央指示，红 2 军团改编为红 3 军，贺龙任军长，邓中夏任政治委员，并于 4 月离开鹤峰北上，占巴东，渡长江，连克兴山、秭归、远安、荆门；5 月间又突破敌 10 余个团的围攻，进入房县，开辟鄂西北根据地。

在贺龙带领红 2 军团主力突围西进的同时，段德昌把战斗中失散的战士集中起来，组成 1 个营，又打回洪湖。

“同志们，看，洪湖到了！”段德昌领着担架队，指着依稀可见的湖，高声喊道。

战士们听到段德昌的呼喊，像听到口令似的停住了，躺在担架上的重伤号也坐了起来。透过茫茫的雪雾，只见湖心曾家墩的上空飘着一面夺目耀眼的红旗，在雪雾茫茫、烟波浩渺的千里洪湖上，像一团炽热的火焰，腾腾燃烧。从这团燃烧的火焰中，段德昌和他的战友们，领略无比温暖的感受。一股游子远归，回到母亲身边的暖流传遍全身。段德昌深情地注视着那面红旗，举起大手，庄重地敬了一个军礼。此时，他真切地感到自己和洪湖是那样的血脉相通，筋肉相连！

辽阔的湖面，北风呼啸，浊浪滚滚，白浪滔滔，一只小船，像轻燕似的掠过湖面，向他驶来。当段德昌看清船头站着的周逸群时，一边喊着，一边撒腿朝湖边跑去。小船飞驶滩头，周逸群纵身跳下船头，两位战友抑制不住满腔的欢喜，紧紧地抱成一团。

周逸群高兴地说："救星来了！"

段德昌发自心底地呼喊："我回来啦！"

红军伤员的到来，把整个何家湾都惊动了。大人小孩奔走相告："段军长带队伍回来啦！"男女老少跑上湖堤，争着把伤员往家里抬。

赤卫队队长彭国材听说段德昌回来了，立即

带着一哨人马，来看望段军长和伤员们。段德昌见到彭国材，高兴地说：“我南下后，最担心的是地方武装工作恢复的情况，看见你们还是这样威风不减当年，我的担心是多余的。”彭国材说：“这是敌人逼出来的，红2军团不能回来，保卫苏区的担子不论多重，也得自己挑啊！”

彭国材见大家围着段德昌不肯走，就大声说：“同志们，我们去继续开会，让老段休息休息，明天再讲吧！”大家这才慢慢散去。

周逸群挨家挨户地慰问伤员，忙乎得不得了。段德昌自己带着通信员小程，走进他原来的老房东、烈属王大婆家里。

王大婆像接待远方归来的亲儿子一样，抢过背包跑进房，转身端来热腾腾的莲子汤。前来看望段德昌的乡亲，里三层外三层的，围着段德昌问这说那。顽皮的孩子们，不顾大人的吆喝，在人丛中窜进窜出。

“段伯伯在哪里？”王大婆的孙子水牯，提着两条活蹦乱跳的鳜鱼跑过来。段德昌转过身来，见水牯浑身上下水淋淋的，“唉呀，伢子，这样冷的天，为什么下水去踩鱼呀？”他连忙脱下自己的大衣披在水牯身上。

水牯昂着脑壳，拍拍胸脯，指着鳜鱼说：“姥妈说你爱吃鳜鱼，但这家伙冬天睡在泥里不动，要下水踩嘛！”说罢，觉得还不够，想想，又添一句：“你爱吃，我明天还下水踩！”

段德昌一手抱住水牯的身子，一手摸着他的头，他感到自己极少有泪的眼睛，忽然之间湿润了。这时，王大婆走过来，对段德昌说：“段军长，我代水牯报名参加红军去！”段德昌激动地抚着水牯的头：“等他长大，我一定欢迎他入伍！”

水牯跳起来说：“我都15岁了，跟小程一样大啦！”他拉着段德昌的衣裳，又要求说：“段伯伯，我比马拐枪高啊，让我参军吧，我要打白军，打土豪劣绅，为爷老和我爹报仇！”

“段军长，收下这伢子吧！”乡亲们恳求说。段德昌从通信员小程肩上摘下马拐枪，仔细地用衣襟擦拭上面的尘土，庄严地送到水牯手里。

“我也报个名！”何家湾水上赤卫队队长周振武晃了晃头，大声喊道：“有段军长领着我们干，指到哪里，我们就打到哪里，就是上刀山，下油锅，也不后退半步！”周振武这一喊不要紧，把何家湾的赤卫队队员们可急坏了，七嘴八地争着问：

“队长去参军，那我们呢？”

“段军长，你不能偏心眼！干脆让我们全队升编吧！”

“好哇，同志们！”段德昌在这些要求声中扬起手臂，高声说道：“现在，我来答复同志们的意见。第一，我一定把乡亲们的愿望报告上级，老红 6 军没回洪湖，请领导批准我们成立新红 6 军。国民党反动派想杀我们，我们要用战斗向他们宣告：不是我们被他们剿死，而是他们要被我们彻底消灭！”

何家湾的赤卫队队员们鼓起掌来。

段德昌看大家情绪很高，就引导说：“第二，只要我们全苏区男女老幼都动员起来，洪湖就会变成一座攻不破的堡垒。大家已经看到了，沔阳 5 大队和华容 8 大队在 3000 多赤卫队队员的配合下，先后收复沔阳、华容两县城，进逼仙桃、南县，狠狠地打击了敌人的嚣张气焰！沔阳、华容两县地方武装创造出的成绩，说明群众的游击战争，是胜利的根本，是任何敌人都无法战胜的！”

段德昌笑着喊：“周振武，你还愁队长这个官小呀？这回就升个官，要你当湖西联防队长。还有赤卫队员们，你们要升编嘛，就升为挺进队吧！”

说得满屋哈哈大笑，只有周振武没笑，他脑子里琢磨起水上赤卫队联防的事来。

王大婆招呼大家：“吃饭吧，都坐下来陪段军长吃一点。”

周振武把手一摆：“快走！王大婆家的锅太小。”人们欢笑着，潮水般地涌出大门。

不一会，水牯拉着周逸群的手走进门，大声喊道：“周叔叔来了，快开饭吧！”

王大婆端着香喷喷的烧鳜鱼上来了。周逸群端起酒盅，站起来说：“老段，我敬你一杯。”

段德昌仰脖一饮而尽。

周逸群说：“刚才接到松滋县委的报告，红 2 军团在杨林寺被敌人打败，伤亡惨重，仅红 6 军就损失四分之一。”

“什么？”段德昌瞪大眼睛，急忙问：“部队的去向呢？”

“已向五峰、鹤峰一带转移。”

“啊呀！”段德昌胸膛里，似有千把铁锤在猛击，心如刀绞。

周逸群又满满地给段德昌斟上一杯，郑重地端起来：“石首县委报告，在杨林寺战斗中被冲散的红6军第48团、第51团各一部，还有红2军第12团一部，合计人枪1000多，已回到石首江北区，我们应该立即赶去。”

段德昌一听，立即兴奋起来，他放下酒盅，拉住周逸群的手，惊喜地说：“你怎么不早说，快走啊！”

夜已很深，洪湖风势正猛。段德昌舒展一下双臂，和周逸群跳上渔船。

在湘鄂西特委领导下，周逸群与段德昌两人合计后，决定以一路尾随段德昌回洪湖的红军部队为骨干，吸纳地方游击队组成独立团，成立新红6军（不久改为独立团），段德昌任军长，下辖第48团、第51团两个团和1个特务营，陈光明、邱宏锡分别任第48团团长和政委；陈华山、马三关分别任第 51 团团长和政委；黄国洲任特务营营长。后来，这支部队成为洪湖苏区反“围剿”的主力军，增强了根据地人民斗争的胜利信心。

游击战术扬威名

自红 2 军团退出洪湖根据地后，1930 年 11 月，国民党集结由第 10 军军长徐源泉为湖北省“剿匪”总指挥，兼鄂西“剿匪”司令的新编第 2 旅（刘培绪部）、新编第 3 旅（徐德佐部）、湖北警备旅（容景芳部）和川军第 21 军教导师第 3 旅（郭勋部）等共 6 个师又 7 个旅的兵力，以及各地团防、常练队等反动武装向革命根据地发起“围剿”。“围剿”计划分 3 期进行，重点是洪湖根据地。敌人先后占领监利、沔阳、潜江、华容等县，实行血腥屠杀，并继续进行“围剿”，使根据地受到极大摧残。湘鄂西特委为了粉碎敌人的“围剿”，恢复根据地，除成立新红 6 军外，还将各县赤色警卫队和群众武装合编为江左（江北）和江右（江南）两个指挥部，统一由周逸群和段德昌指挥。段德昌和周逸群运用灵活的战略战术，领导苏区军民同敌人展开了艰苦卓绝的英勇斗争。

一天傍晚，段德昌来到朱河镇，把新 6 军各团团长和监利、沔阳赤卫军负责人姜炳炎、彭国材请到军部，一边吃饭一边研究敌情，部署任务。

段德昌用筷子指着摊开的军用地图说："应该告诉大家，形势很严峻。刘培绪部、容景芳部和郭勋部，各派出 1 个团，同时向朱河压来。"他在地图上用筷子点了 3 下："前面三面包围，后面是千里洪湖。敌人逼着我们同他们背水决战。他们仗着人多和武器精，已经摆出要一口吞掉我们的架势。敌人的胃口倒是不小咧，我看他们这是在做梦吃星星——想得不低！"

段德昌掏出怀表看看时间，说："老姜负责全镇的群众转移，老彭快点开队长会，抢修工事。"他转过身，又对新 6 军的同志说："你们回去也要开干部会，把情况讲清楚，我们摆的迷魂阵，只迷敌人的魂，可不能迷自己。"

开完会，段德昌和大家走出门外，一一告别后，随着彭国材向河边走去。腊月天白昼短，水乡夜来早。他望着愈来愈重的夜色，边走边说：“老彭，敌人快到了，你们要速战速退，不能纠缠。”

正在这时，一颗呼啸而来的炮弹，轰地一声落在河边。爆炸横飞的炮弹片，切断就近一株杨树，炸起的土块，落在段德昌和彭国材的脚边。

段德昌连眼也没眨一下，打着哈哈说：“老彭，看你，说来就来啦！”他跳上渔船，把手一挥：“开船！”100多只渔船，撑离岸边，风帆嗖嗖地升到桅顶，拉开距离，先后启航。

敌人把进攻红军的计划，由白天改为夜间，这是国民党新编第2旅旅长刘培绪经过反复谋划的得意战术。他断定红军和赤卫队绝不会料到他敢在夜间分进合击。

敌人从三面向朱河包围过来，彭国材在庙房墩指挥赤卫队进行阻击。战斗打响后，敌人的第一次进攻很快被打了回去，他们根本没想到游击队早有准备。于是，缓过神来后，又开始组织第二次进攻，这次来得比第一次更加猛烈，红军的阻击也更加顽强。交战中，彭国材始终和队员们战斗在一起，一步也不退让。

通信员小艾见彭国材还在恋战，急坏了，大声叫着：“总指挥，段军长叫速战速退呢！你把敌人打跑了，怎么办？”

彭国材说道：“小艾，敌人来干什么的？来占朱河的。不夺取朱河，刘培绪能善罢甘休吗？我们越打得狠，他就越不收兵。要让敌人以为我们是在死保朱河，这条大鱼就会上钩。你快到陈家墩去，请姜总指挥边打边撤到镇里来！”

姜炳炎正打得上劲。在他的水压重机枪射程内，形成一个半圆形的火力网，敌人一进入这个圈儿，便被吐出的火舌射中，惨叫着倒毙在水田里。通信员小艾突然跑到他身边，大声叫喊：“姜总指挥，彭总指挥要你向他靠拢！”

姜炳炎打个愣怔，忽然又想起了段军长的战略部署和意图。说了声：“明白了。”起身把重机枪交给原来的射手，从腰间抽出盒子枪，命令道：“撤！”

彭国材和赤卫队队员们退到河边，和姜炳炎

他们会合了。彭国材风趣地对姜炳炎说：“上船吧，等着阎王打小鬼——自打自了！”

刘培绪派来的 1 个反击团和容景芳从螺山派出的 1 个增援团，隔河相对，被黑夜蒙着眼，都把对方当作红军，还在继续打着。

川军郭勋部从尺八口派出 1 个支援团来迟一步，听见枪炮声，摆开方阵，拦腰冲进镇内。

这是一场旗鼓相当的恶战。3 个团的敌人都靠着精良的武器，杀得难分难解。一直打到曙光初露，方知道是“大水冲了龙王庙”，自家人打自家人，一个个啼笑皆非，检点人员，除郭勋的支援团损失较少外，其余两个团都损失 1/3。

容景芳派出的 1 个团受到这次打击，十分懊恼，不辞而别。郭勋派出的支援团急于想从朱河抽脚脱身，于当天下午全部回撤。

只有国民党刘培绪新编第 2 旅第 1 团气势汹汹地扑向朱河镇。敌人进镇后，家家户户不见人影，鸡犬全无。敌团长陈锋见势不妙，连忙命令撤退。可是往哪里退呢？后面是河，其余三面又响起新红 6 军和赤卫队的枪声。他已落进背水一战的包围之中。他一面指挥惊恐万状的士兵凭借土墙拼命抵抗，一面不断对空打枪，发出增援求救信号。

周边其他几处敌军早已被段德昌安排赤卫队伏击和拦截。螺山的敌人被阻在三岔河；白螺的敌人遇到沔阳第3大队的伏击；上车湾据点的新编第3旅第2团，虽拼命想向朱河靠拢，但被监利赤卫军阻击在虾子湖边不得脱身。困在朱河镇的陈锋团，已成瓮中之鳖。

次日下午，段德昌调动华容第8大队配合新6军，向朱河镇发动总攻。第8大队拖来5门一尺口径的土大炮，架到镇外东南角，装足炸药，将三尺厚的土墙轰开。

镇内敌人一下子就慌乱起来，到处躲藏。陈锋逼着一群士兵："快给我顶上去，可不能让共军冲进来呀！"此时再也没有人听他的了，防守东南土墙的一连士兵打出了白旗。陈锋一看，举起盒子枪就要制止那个领头的，其他人反过来"刷"的一声，枪口一起对准了他，大骂道："妈的，你想叫弟兄们都替你送死呀，老子们不愿再为你卖命啦！”吓得陈锋夹着尾巴就往西边跑。刚到土墙下，段德昌带领部队从土墙缺口冲了进来。陈锋还想顽抗，被段德昌抬手一枪，结束了他的性命。

新 6 军战士和华容第 8 大队的队员们一起冲进来，敌人已无招架之力。敌 1 团除打死打伤的外，其余全都乖乖地当了俘虏。

战斗刚一结束，监利赤卫军通信员急忙跑来报告：敌新编第 3 旅第 2 团已经到黎家墩，监利赤卫军打得很激烈，请求新 6 军从袁家墩包抄过去，围歼敌人。

段德昌接到报告，立即命令部队：“撤退！赶往刘家河。”“撤退？”姜炳炎不解地问：“军长，朱河镇不要了？”

“是的，现在不能要朱河！”段德昌见姜炳炎还不理解，他又解释说：“打与走都是手段，消灭敌人才是目的。手段具有可变性，而目的则是不能变更的。正是从这一点出发，只要能消灭敌人，能打则打，该走就走。”

段德昌举起望远镜观察了一会儿。又对姜炳炎说：“敌人为什么敢过河，你弄清楚没有？”段德昌把望远镜递给姜炳炎："老姜，打仗犹如钓鱼，要想使鱼上钩，就得施鱼饵。现在事情明摆着，敌人过河来，就是诱我们打出朱河，尔后乘机攻击！"他在姜炳炎肩上拍一巴掌，说："敌人已经来增援部队，才敢这样做。你看，是打还是撤？"

姜炳炎赶忙说："撤！小何传命令。"

敌新编第3旅旅长徐德佐很顺利地占领朱河。当他得知新6军在刘家河休整时，立即命令第2团团长蔡胡子，分3路向刘家河发起进攻，缠住新6军，徐德佐率敌第3团回到红军背后，想来个南北夹击。

敌团长蔡胡子带着第2团，赶到刘家河，就一头扎进新6军的埋伏阵地。新6军以逸待劳，出其不意地从背后杀出来，一下子把敌人压到河边，敌军官兵被击落水者五六百人，俘虏100多人，除敌团长蔡胡子等少数漏网外，大部分被歼灭。当徐德佐带队到达刘家湾时，新6军已经下湖。徐德佐像一团烂泥巴倒在河堤上。

新6军击溃川军，又在江右军的配合下，第三次收复了华容县城。接连收复江陵的沙岗和监利的朱河一带。

1931 年 3 月初，湘鄂西特委在调弦口召开会议，决定恢复江北苏区，段德昌按照会议的决定，率领新红 6 军先后攻克了瞿家湾、柳家集及府场等地，3 次攻占峰口镇。至 4 月底，彻底打败了国民党对洪湖根据地的第二次“围剿”，洪湖根据地大部分都已恢复，中共湘鄂西特委和联县政府及其他领导机关北迁到瞿家湾，基本上扭转了困难局面。

当时武汉的国民党反动派连连发出惊叹：“江汉平原，匪患日甚，匪首段德昌东山再起，彼用兵如神，我军不力，一再败北……神州自此无宁日矣！”

3 月 27 日，夏曦作为中央代表被派到洪湖苏区后，成立了湘鄂西中央分局和湘鄂西军委分会，夏曦任分局书记及军委分会主席。他一到洪湖，就将红 2 军团缩编为红 3 军，将新 6 军改为红 3 军第 9 师。而此时，红 3 军的主力还远在鄂西北的均县、房县苏区，保卫洪湖苏区的重任主要落在段德昌领导的红 9 师肩上。

5 月，蒋介石和粤、桂军阀之间的矛盾又趋尖锐，徐源泉部 1 个师等部队相继调集长沙，敌人对苏区的“围剿”开始放松。段德昌率领红 9 师，乘机向江陵之敌发动进攻，取得了节节胜利。但让他感到痛心疾首的是，5 月 20 日，他的好战友、湘鄂西红军和苏区杰出的创始人周逸群同志，在返回江北途中遭敌伏击，英勇牺牲。噩耗传来，段德昌这位很少流泪的汉子痛哭不已，回想起与周逸群共同战斗的艰难岁月，更坚定了他继续战斗的坚强决心和勇气。6 月初，洪湖根据地除监利、沔阳、潜江等县城外，已全部恢复。经过半年多的浴血奋战，段德昌领导的红军队伍在斗争中不断壮大，发展成为拥有两个主力战斗团、5000 多人枪的新的力量。

大灾面前见真情

1931 年夏天，国民党集结大批兵力对洪湖苏区发起第三次“围剿”。适于此时，长江发生全流域百年未遇的大水灾，整个苏区变成一片水乡泽国。在水灾和敌人“围剿”的双重摧残下，苏区有近百万人民群众流离失所，红军给养十分困难。

一天下午，段德昌站在堤边的树荫下，一会儿手搭凉棚向远处眺望，一会儿拿着军帽朝胸前扇风，他在急切地等待着勤务兵小周归来。

在期盼中，远远看见一只小船从湖中慢慢荡了过来。小船摇到堤边，走下一个 40 来岁的妇女和一个骨瘦如柴的小男孩，船随即又摇走了。段德昌感到好生奇怪，这大热天的，那妇女还穿着一身补丁摞补丁的夹裤夹袄，挎着一个破篮子。小男孩光着屁股，一边走一边哭：“娘！我饿。”娘哄着他说：“别哭，等到周家矶，娘给你要碗菱角粥吃。”

说着就到了段德昌跟前，那孩子一屁股坐在堤上，哭叫着：“妈妈，我饿，我走不动啦。”那妇女愁眉苦脸地叹口气，坐下来，把孩子搂在怀里，有气无力地哄着他。那孩子还是哀求地叫着：“我饿，我饿。”

段德昌看到这情景，一阵心酸，赶紧从口袋里掏出他的晚饭——4 个细米菜团子递到那妇女手里说:“大嫂，这几个菜团子你们吃了吧!”

那妇女一时竟呆着，不知说啥好，过一会儿才激动地说:“谢谢你，同志哥!这给我们，你吃什么呢?”

段德昌说:“我刚吃过，你们拿着吧!”

那妇女接过菜团子，一把拉过小男孩跪在地上，说:“还不快谢谢叔叔!”那孩子早已将菜团子送入口中，哪里还能说话，只是惊奇地望着段德昌。

段德昌问道:“大嫂，你是哪里人，这是要到哪里去呀?”

“唉，家被大水冲跑啦!”那妇女指指东南方说:“我是监利上车湾人，白军来掘堤放水，他爹跑到乡苏维埃政府去报讯，被白狗子打死了，房子也被大水冲跑，住没处住，吃没吃的，讨饭也讨不着，没法活了。”说着就哭了起来。

段德昌上前安慰着说:“大嫂，你娘俩就不要再走了，就留在潜江吧，一会儿到苏维埃政府去住下，等大水退去，再回监利。”

这时，师部经理处主任叶光吉走了过来，说

道：“师长，别等了，回去吃碗粥吧！”

段德昌问道：“战士们都吃过了吗？”

叶光吉说：“都吃过了，每人喝了一碗稀粥，吃了两个菜团子。”

段德昌点点头，问：“一共缴获多少粮食？”

叶光吉小声回答：“足够 26 团吃半个月。”

段德昌看着叶光吉：“都拿出来分给灾民吧！”

叶光吉听了先是一愣。洪湖苏区遇到几十年来未有的大水灾以后，干部和战士每天是靠吃苦草团子充饥。为打破敌人第三次“围剿”，并解决严重水灾造成的给养上的困难，红 9 师缴获不少粮食，总算解决部队的给养问题，但是，又要拿出来分给灾民，战士们明天吃什么呢？他呆呆地站着，不好表态。

“我知道，你很为难，也很辛苦！”段德昌把手搭在叶光吉肩头说，“你忘啦，在第一、二次反‘围剿’斗争时，有多少群众撑着粮船、推着小车，跟着新 6 军。雨来了，脱下蓑衣护着粮，龚家墩 17 名乡亲，不肯指出藏军粮的地方，被敌人用绳子绑在一起，扔进湖里。这真是全世界都找不到的好群众啊！”他用手指着堤下一个挨一个的小渔船说：“现在逃荒的灾民在挨饿，我们必须省出粮食，来支援他们！要时刻记住：红 9 师是人民的子弟兵，要时时为人民着想，最困难的时刻，不能只顾自己呀！”

叶光吉流着泪说：“师长，我马上就按你说的去办！说罢，转身急步向镇里奔去。

在敌我兵力对比悬殊，国民党反动派又借长江、汉水、东荆河河水大涨之时决堤灌水，大片苏区被水淹，苏区人民流离失所，同时还对苏区实行全面的经济封锁，苏区部队给养问题遇到前所未有的困难。为了解决因水灾造成的部队和人民生活上的困难，段德昌一面同人民群众一起抗洪救灾，在白庙一带抢修东荆河堤，一面与地方武装配合，开展水上游击战争，攻占敌人粮库，夺得粮食，解决苏区军民的燃眉之急。

8 月初的一天，段德昌来到第 25 团驻地，和团长段玉林一起巡视他与战士们在炎炎烈日之下修筑起来的“红军大堤”。感慨地说：“只要军民团结一心，没有克服不了的困难。”再三强调部队指

战员要关心群众，多为群众着想，和群众一起，艰苦奋斗，积极开展生产自救。面对敌人的全面封锁，段德昌率领红 9 师的部分同志趁着夜色潜过长江，奇袭岳阳、临湘等地的土豪劣绅和团防局，缴获来大批的粮食、银元以及食盐、药品等物资，鼓舞了洪湖苏区军民战胜灾情、与敌斗争的革命斗志。

1932 年年初，以国际救灾组织成员身份的国际友人路易·艾黎，利用假期到洪湖灾区，为抗洪人民送去救济粮，支持洪湖人民修堤抗灾。武汉国民党官员告诫他："不必送粮，那里都是些共产主义分子，他们是不可能建成大堤的。"路易·艾黎奉行国际主义义务，不听劝告，坚持前往。武汉政府只好派兵押运，但企图改送国统区的灾区，被艾黎识破，他不准轮船改变航向，直驶内荆河新滩口苏区。

段德昌奉命率红 9 师一部，在新滩口驱赶押运的国民党军队，迎接粮船。当见到这位冒险前来送粮的国际友人时，被他的热情天真、朴实爽直和正义感所感动。路易·艾黎也很敬重光明磊落、英武威仪的年轻师长。段德昌陪同艾黎走访苏区，视察灾区，当看到筑堤民工在望不到尽头的长堤上挥汗劳作，见到红军战士、赤卫队队员同水乡人民群众一道战天斗湖霸、力排万难的行动时，路易·艾黎大为感动，他提出了一个颇有影响的词语："洪湖精神"。

路易·艾黎一直是中国人民的忠实朋友，他后来一直在中国生活了61年，曾先后5次访问洪湖。1987年12月在北京逝世，享年90岁。

与老部队会师

1931年夏，国民党军第10军军长、湘鄂川边区"清乡"督办徐源泉，利用洪湖苏区遭受严重水灾之机，调集其第19师、新编第11师、新编第7旅，在地主武装的配合下，对洪湖苏区发动第三次"围剿"。为粉碎国民党军"围剿"，根据中共湘鄂西中央分局的决定，段德昌将第9师第

25 团留在苏区，他与中共湘鄂西特委委员、省革命军事委员会主席团成员万涛一起，率第 9 师主力跳出苏区向潜江、京山、天门挺进，并相机接应红 3 军主力返回洪湖根据地。

1931 年 8 月 12 日下午，大雨滂沱，狂风呼啸。部队冒着风雨向鄂西北急速开进。段德昌率第 26 团两个营及师教导营直奔沙洋。13 日，段德昌指挥部队歼灭了周家矶、黄家场一线之敌后，在沙洋碰上了昔日的手下败将敌保安新 3 旅，一举歼灭了该旅旅部及所属第 2 团，共 2000 余人，击毙敌旅长徐德佐。沙洋战斗之后，段德昌以缴获的武器，装备了新组建的第 27 团。

占领沙洋的当天，段德昌从缴获敌人的文件中发现国民党远安县县长的告急电报。电报称红 3 军主力已到南漳，有窥远安之势。段德昌大喜，他按照确定的方向，率红 9 师转至襄枣宜苏区一带。这时，红 3 军前委从中央的电报中也获悉红 9 师正沿襄河前来接应，便将各级政治机关人员及教导团留在鄂西北坚持斗争，主力于 9 月中旬，自青峰镇出发向红 9 师靠拢，在保康附近击溃川军两个团的阻击后，经南漳、荆门向洪湖转移。

段德昌率部渡过襄河，于9月28日在荆门刘猴集与贺龙率领的红3军第7师、第8师的4个团胜利会师。会师后，召开了军事干部会议，传达中央分局的指示，万涛接替邓中夏为红3军政治委员，并决定部队仍按原计划打回洪湖。随后，贺龙带第7师、第8师的3个团攻打岳口；段德昌带红9师攻打张截港。10月5日，段德昌指挥红9师一举全歼张截港之敌，打通了与洪湖苏区的联系，迎接红3军第7师、第8师、第9师胜利返回洪湖，使根据地的军事力量得到大大的增强。

两个多月来，段德昌率领部队不断打击敌人，胜利地完成了发展襄北苏区，迎接红3军主力返回洪湖两大任务。段德昌的战斗功绩受到洪湖苏区军民的敬重和党中央的高度认可，在11月7日至20日江西瑞金召开的中华苏维埃第一次全国代表大会上，段德昌与贺龙当选为临时中央政府执行委员会委员。

1932年1月，红3军乘敌人主力集中于平汉路以东地区，敌襄北力量相对比较空虚之机，决定向襄河以北之敌发起进攻。敌人为保护应城至皂市的交通运输线，敌第 48 师占驻着皂市，师特务团有两个营驻在龙王集、1 个营驻在陈家河。

19 日，段德昌率领红 9 师冒雨由泗港北渡襄河，20 日袭占皂市，皂市守敌仓皇逃往应城。21 日，第 25 团和第 26 团又出敌不意地包围了龙王集，第 27 团包围了陈家河之守敌。

敌人遭到红军的突然袭击，甚为紧张。国民党武汉绥靖公署主任何成浚，一面命令龙王集、陈家河的第 48 师特务团坚决固守，一面命驻孝感的第 4 师 12 旅前往增援。

段德昌得知这一情报，决定先以军事围困和政治攻势解决龙王集、陈家河之敌，尔后再歼灭增援之敌。

围攻龙王集的第 25 团、第 26 团，一面利用有利地形、房舍逼近敌人，一面进行战场喊话。敌人被围困三天三夜，因水断粮绝，有的想拼力突围，但突围之敌大部被我军歼灭。

围攻陈家河的红 27 团，一面进行军事打击，一面进行政治攻势，敌人被迫同我军谈判。

24日，敌第4师第12旅旅长张联华奉命由孝感经应城前来增援。段德昌立即调整战斗部署，命令第27团留1个营继续监视陈家河被围之敌外，师主力和汉川独立团全部到龙王集至应城公路两侧，利用丘陵起伏的有利地形设伏。

25日拂晓，段德昌率红9师的3个团全部进入伏击阵地，摆成了簸箕形阵势。同时，派出师骑兵连前往应城方向引诱敌人，与敌保持接触，且战且退。

张联华自恃是蒋介石的嫡系，武器装备强，目空一切。他率领部队沿汉宜公路大摇大摆地向陈家河开进，毫无戒备。正午时分，其前卫进至毛家畈，也没有发现红军伏兵。当大部兵力进入了我伏击圈，段德昌命令所部突然猛烈开火，伏兵齐出，杀声震天，把敌人打得晕头转向，敌军全部被压制在公路上，犹如热锅上的蚂蚁乱成一团。敌人的重机枪和迫击炮还未卸载，就成了红9师的战利品。

战斗进行到下午5时胜利结束。这次战斗，共歼灭敌第4师第12旅直属部队和两个团、第48师特务团和工兵营全部，以及矿警、民团等，俘敌第12旅旅长张联华以下共4000余人，缴获迫击炮20余门，轻、重机枪60余挺，步枪3000余支，子弹数万发。

这一仗，成为红军史上典型的“审时度势，适时调整对敌策略”的典型战例。

1932年2月初，关向应被派到湘鄂西革命根据地工作，任中革军委分会主席兼任红3军政治委员。他到后不久，为加强红3军的军事领导，组成了以贺龙、关向应、夏曦、段德昌、万涛5人为核心的军委主席团，进一步加强了红3军的军事指挥力量。

2月底，红3军得到情报，敌徐源泉所部第48师第144旅将由皂市出发南下，企图打通天门至岳口之间的公路线，并切断襄北苏区和洪湖苏区的联系。

贺龙和关向应研究后，判断敌第144旅是孤军行动，于是，决定集中红3军主力，在文家墩地区将其歼灭，粉碎敌人对洪湖的“清剿”计划。

5日，敌第144旅由皂市出发后，天下大雨，该敌不善于雨天的作战行动，被迫滞留于文家墩、李家场等地，也没来得及修筑工事。贺龙决定抓住敌人这个弱点，利用红军善于雨天打仗的特点，以我之长，击敌之短。

他命令段德昌率红9师和汉川独立团冒雨连夜奔袭，于6日拂晓前出敌不意向文家墩之敌第144旅隐蔽接近，并将其包围；令红7师逼近皂市钳制该地之敌第142旅的行动。

6日，段德昌带领红9师一部首先向李家场之敌发起进攻，很快突破敌人之防御。随后，文家墩之敌闻讯前来增援，遭到预先埋伏在附近的红9师部队猛烈阻击，敌人被打得措手不及，溃不成军。红9师歼敌一部后，占领了文家墩、杜家岭。敌旅长韩昌峻率残部退到胡家岭、坡湾一线抢修工事，进行顽抗，企图固守待援。

这时，皂市之敌第142旅赶来增援，却被埋伏在黄家店附近的我红7师阻击，激战半天，被我击溃。6日中午，红9师向被围困在胡家岭的敌第144旅残部发起总攻，激战至下午，敌军全部被歼，打扫战场时，伪装成士兵的敌第144旅旅长韩昌峻被抓获。

这次战斗，全歼敌第144旅，俘其旅长以下2000余人。击溃敌第142旅。泗港、张截港等地之敌，怕被我歼灭，也纷纷撤退。从而粉碎了敌之“清剿”洪湖根据地之计划。

新沟嘴大战解危局

1932年6月初，国民党集中洪湖地区的全部鄂军、长江上游“剿总”代总指挥王陵基所指挥的川军，以及第13师万跃煌部，共10万余人，对洪湖根据地进行第四次“围剿”。

川军第21军的5个团从北面占领了浩子口和潜江一线，范绍增第4师从沙市向苏区进犯，气势汹汹地直扑老新口、龙湾、张金河及湘鄂西省政府和中央分局所在地，并狂言：“三天以内要在瞿家湾会师，踏平苏区的老巢，消灭共产党。”

当时，范绍增率部直扑新沟嘴，距湘鄂西首府只有30里路远了。南面的敌第21军独立师也进占了陈舵子口和余家埠。形势万分危急，中央分局急令红 9 师不惜一切代价救援中央分局和省政府。

段德昌接到命令，立即亲率 800 多名骑兵作前锋，日夜兼程，从 200 多里以外，抢在范绍增部之前赶到了新沟嘴。他跳下战马，顾不上喘息，立即组织骑兵赶修工事，直到 3 个团的步兵陆续赶到，他才下令休息、开饭。为了准备最后的决战，他命令各战斗部队向当地赤卫队和群众借梭镖和大刀，准备在子弹打光时同敌人血拼。

第二天天刚亮，范绍增第 4 师开始向新沟嘴进犯。走在最前面的是“袍哥”帮会的所谓“神兵”，每人身穿红褂子，手里拿着马刀。后面是前锋 1 个团，敌人趾高气扬地向红 9 师阵地冲来。段德昌命令红 9 师指战员“无令不放枪，坚守不后退”，隐蔽在工事里观察着敌人的动向。当敌人进到距离阵地 50 多米时，仍不见有红军的动静，以为前面没有红军，就放心大胆地冲过来。

就在连敌人的面部都能看清时，段德昌一声令下“打”，所有的轻重武器一齐向敌群开火，冲在前面的“神兵”死伤一片，没死的都吓趴在地上，伺机逃跑。段德昌见敌人的嚣张气焰被打下去了，又令预伏在东荆河堤右面的骑兵杀向敌阵，砍死砍伤惊魂未定的敌人无数。面对如此勇猛的红军，敌人掉头就跑。段德昌命令部队追击溃敌，狂奔的敌人又被包抄的骑兵截断退路。敌“神兵”和 1 个团全部被歼，缴步枪 700 多支，轻重机枪 20 多挺，毙俘敌 1000 多人。

范绍增首战输得如此惨重，带着其余部队龟缩到老新口的工事里，不敢进犯。当天晚上，段德昌命令全师每个战士带一支枪、一把马刀和一支梭镖，乘夜摸到老新口敌军阵地，在敌人中心穿插分割，猛攻猛打。经过短时间的拼刺，全歼范绍增师部及 1 个旅，总计歼敌 5000 多人，缴枪 2500 多支。范绍增带着剩下的残兵向张金河逃窜，路上又被自襄北南返的红 7 师先头部队痛击，残部被歼，范本人负伤，丢下他心爱的坐骑“龙驹马”，在漆黑的夜晚骑着水牛逃脱。后来，段德昌把缴获的这匹“龙驹马”送给贺龙。

新沟嘴大战刚结束，贺龙带着红 7 师从钟祥星夜赶回周老嘴。在湘鄂西省委和政府组织庆祝新沟嘴大捷的庆功大会上，贺龙发表热情洋溢的讲话。他说："红9师师长段德昌真是个好同志呀！他当机立断，杀出了红军的军威。这下给了范哈儿（范绍增的外号）沉重的一击，这是毁灭性的一击呀！连范哈儿的魂都吓掉了，这是红军的伟大胜利。湘鄂西革命根据地的党、政府和人民的处境在大敌逼近之际是多么危险呀！如果不是段德昌同志赶来得快，我们的同志就全部会逼到洪湖吃水了。"

段德昌调兵遣将，布阵尚奇，作战飘忽，常有惊人之举，创造了3个月歼敌3个旅的辉煌战绩。3次大捷，威名远播，他统率的部队被称为常胜军。在频繁的战争中，兵员补充历来都是比较困难的事情，而对于段德昌领导的红9师来说，这不是难事，苏区青年参加红军点名要到红9师。官兵们自豪地编成顺口溜来唱："杀我一百，只要一息；杀我一千，只要一天；杀我一万，只要一转。"意思是说无论受到多大伤亡，红9师只需要在苏区转上一圈，立刻兵员补充足额。

05

矢志不渝

七千里“小长征”

1932年6月，蒋介石为了消灭鄂豫皖和洪湖根据地的党、红军和革命群众，亲自担任鄂豫皖3省“围剿”总司令，纠集了50万人马，分左中右3路，准备发动更大规模的第四次“围剿”。担任“围剿”洪湖根据地的是左路军，共10万人，以国民党武汉绥靖公署主任何成濬为司令官，第10军军长徐源泉任副司令官兼总指挥。

7月初，徐源泉拟订了“左路军第一期进剿计划”，强调“步步为营、稳打稳进”，企图首先集中主力“肃清”襄北，并占领襄南之潜江、荆门一部分地区，将红 3 军主力歼灭或压迫至长江、襄河之间。而以夏曦为首的湘鄂西中央分局不顾敌情的新变化，仍然执行中央 6 月 5 日发出的“在襄北发展”，“造成鄂中一片根据地，与鄂豫皖根据地打成一片”的指示，决定以“进攻战略”打破敌人的“围剿”。结果，由于奉命再次围攻京山的红 3 军在敌人的重兵压迫下撤围，在襄北找不到歼敌机会，又南渡襄河返回熊口、龙湾一带，使襄河以北的红色区域为敌控制。

敌人在攻占襄北、荆南和潜江后，便积极准备大举进犯洪湖根据地中心地区。8 月 18 日，徐源泉以“肃清南岸，铲除匪巢”为目的，开始执行“第二期进剿计划”，以 3 个师、3 个旅、1 个团为左翼军，集中于杨树峰、沔阳、唐家场地区，由东北向西南进攻，逼近洪湖；以第 21 军为右翼军，首先推进到莲花寺、上车湾一带堵截，等左翼军三面控制了洪湖附近地区之后，再从西南配合，合力围攻洪湖，将红 3 军和湘鄂西领导机关消灭在洪湖、长江之间。

20 日，敌左翼军已经渡过襄河，控制白庙以西的整个东荆河北岸地区，配合“进剿”的鄂军一部分也已侵入汉川、汉阳及其西南地区，湘鄂西根据地的首脑机关所在地受到严重威胁。

面对空前严重的形势，段德昌和贺龙等红3军领导人认为，在内线击破敌人的进攻已不可能，坚决主张集中10个团的主力转到外线去，威胁敌人兵力空虚的武汉，迫使敌军后撤。然后，在敌人撤退时，于运动中捕捉并创造有利战机，寻歼敌军的有生力量，以打破敌人的“围剿”，挽救洪湖根据地。但是，这些意见都被中央分局拒绝了。夏曦等从单纯防御的思想出发，坚持“不让敌人蹂躏苏区一寸土地”的错误口号，决定平分兵力为两路：一路为红7师、警卫师主力和地方武装，由夏曦指挥，在现地构筑碉堡，固守东荆河南岸地区；一路为红8师、红9师和警卫师的1个团，由贺龙、关向应（时任红3军政治委员）、段德昌等指挥，深入敌后，向襄北出击，以牵制敌人。这种两个拳头打人的方法，加上肃反扩大化的错误，使红军失去了粉碎敌人围攻的最后一线希望。

结果，贺龙、关向应、段德昌等率红 8 师、红 9 师刚过襄水，敌人就像潮水一样冲进洪湖腹地，留在根据地的部队遭到空前惨败，整个洪湖苏区被敌军蹂躏，后方机关遭敌破坏，红军伤病员近 3000 人落入敌手，所有医院、兵工厂全被焚毁，夏曦带着剩余的部队于 9 月上旬转入江陵的张金河地区。10 月，敌几路兵马进攻张金河，夏曦又率部向西北突围，洪湖革命根据地全部丧失。

红 3 军主力红 8 师、红 9 师渡过襄河以前，也曾遭到敌人的重重包围。但在贺龙的领导下，段德昌以惊人的胆识和谋略，命令所部隐伏在敌人眼皮底下，并决定从敌人大军的间隙中穿插过去，从而避开了强敌。当时，北上襄北，打入敌后的其他路线都被敌军堵死，段德昌根据侦察的结果，通过精细的分析，发现尚有一条出路可走，这就是从西面的浩子口穿插出去，直抵荆门，然后走钟祥、荆山，转向大洪山一带。

浩子口地势险要，西面有一个湖叫长湖，在浩子口和长湖之间有一条幽静曲折的小路。段德昌等认为，必须机智地通过这条路，才能化险为夷。在一个伸手不见五指的漆黑雨夜，红军踏着这条小路出发了。骑兵部队的 2000 余匹战马，马蹄全用棉花和稻草缠得结结实实，走起来听不到声响；战士们在行军中不准说话，不准抽烟，不准打电筒。就这样“偃旗息鼓”，悄悄急进，终于穿过敌人重兵驻防几十里的心脏地带，脱离险境。接着，又以一昼夜行程 180 里的速度，从沈家集和当阳之间直插荆门，奔向钟祥、随县之间的大洪山区，创造战史上的一个奇迹。事后敌人知道红军此举，也震惊不已。

红 3 军从洪湖苏区突围到大洪山区后，夏曦带领的红 7 师余部也突围到随县一带。与主力会合后，在枣阳王店召开湘鄂西中央分局会议，讨论部队的行动方向，决定放弃恢复洪湖根据地，转往湘鄂边。

10 月下旬，红 3 军从大洪山区挥师北上，经豫西南、陕东南、沿川鄂边境南下，历时两个半月，行程 7000 余里，途中只休息了两天半时间，12 月终于抵达湘鄂边的鹤峰山区，部队由出发时的1.5万人减员至9000人，弹药消耗殆尽，每条步枪所余子弹平均不到3发，干部的损失更为严重，伤亡病故，加上“肃反”捕杀，原来富有经验的军政干部所剩无几，党政工作几乎陷于停顿状态。

在这次7000余里行程的大转移中，由于红7师和红8师损失太大，战斗的重担往往压在红9师肩上。一路上，段德昌从始至终承担全军阻击或断后等最艰巨的任务。铁肩担道义，历尽了无数艰难险阻，为保证全军的安全转移立下了不朽的功勋。

红3军以坚韧不拔的毅力，粉碎了国民党军的追堵拦截，克服了常人难以想象的困难，胜利完成了战略突围大转移，史称“红三军七千里小长征”。这次“小长征”，不但粉碎了蒋介石妄图扑灭湘鄂西革命斗争烽火的阴谋，还牵制了国民党军的大批有生力量，减轻了敌军对中央苏区进行反革命“围剿”的压力，也配合了红四方面军向川北的进军。

这颗子弹留给党

然而，就是在战斗如此危急的关头，以夏曦为首的湘鄂西中央分局，仍然没有放松所谓的“肃反”，而且越来越扩大化。自1932年5月以来，先后错杀了大批忠诚的党员、团员、干部和战士，其中重要的党和红军领导人有万涛、段玉林、戴补天、王鹤、柳克明、彭国材等，他们都是跟随贺龙、周逸群、段德昌一起创建洪湖革命武装和革命根据地的党的精英。这些卓越领导人的相继被害，也是湘鄂西根据地反“围剿”失败的重要原因。

1933年2月上旬，一直率部在荆门、远安一带坚持游击战争的卢冬生率领红军独立师在鹤峰走马坪与红3军会师。会师后，中央分局在走马坪召开会议，研究今后行动方针，决定把部队改编成红7师、红9师和教导团，段德昌任红9师师长，宋盘铭任政委，王炳南任参谋长。接着，红 3 军军部及中央分局进驻建始县的官口店，后转至巴东县的金果坪地区。

3 月 24 日，中央分局在金果坪开会，检查洪湖苏区和湘鄂西根据地失败的原因，总结经验教训，研究今后的行动方向。夏曦在会议上的发言中，没有检查自己对丢失洪湖根据地所应负的责任，反而错误地认为湘鄂西苏区的失败是由于对“改组派”杀得不彻底，今后要在党内、军内、政府内，更深入、更彻底地进行“肃反”。不仅如此，他还提出要解散湘鄂西的共产党组织，取消红军中的全部党组织，开展对湘鄂西苏维埃“罪恶”的控诉运动。

段德昌在中央分局的扩大会议上，严肃地批评了夏曦的错误。他认为洪湖根据地的失陷，主要是夏曦所搞的错误的“肃反”和他坚持的错误军事路线造成的。因此，他坚决反对夏曦继续搞“肃反”，坚决反对取消湘鄂西的共产党和红军的各级党组织，坚决反对所谓的开展对苏维埃政权“罪恶”的控诉运动。他愤怒地说：“夏曦，你把根据地搞光了，成千上万的共产党人都被你杀了。现在你又要取消烈士用鲜血缔造起来的共产党，控诉苏维埃的‘罪恶’，你是革命的功臣还是革命的罪人？”

贺龙、关向应、宋盘铭、王炳南等也坚决支持段德昌的意见，否定夏曦提出的取消党组织的错误主张。段德昌鉴于红3军自第四次反“围剿”以来损失严重，当前的处境又极其困难，提出了打回洪湖去，利用洪湖地区群众基础甚好的有利条件，恢复和发展革命力量的建议。他曾对贺龙说：“军长，我请求军部给我40条短枪，批准我打回洪湖。3年之内，如果没有恢复洪湖根据地，就把我的头割下来见军部。”

但是，夏曦却坚持自己的错误，在继续进行不断扩大化的“肃反”的同时，又主持作出了解散党、团组织和省苏维埃的决定。他还指责段德昌“打回洪湖”的建议，是“分裂红军”，“要带红9师跑”。段德昌预感到自己将遭不测，曾抄写于谦的《石灰吟》贴在石洞里，以抒发其革命意志和情怀。

1933年初夏的一天，段德昌率领红9师在川湘鄂边界完成了歼灭敌军、保证军部安全的任务后转回巴东金果坪，竟遭夏曦以“改组派”的罪名逮捕，先后被捕的还有参谋长王炳南、宋盘铭等高级将领。

在段德昌被捕以后，全军都焦急不安地关注着他的安全，贺龙、关向应等坚决反对杀害段德昌。可是夏曦却说，“段德昌是‘改组派’”，要“严厉打击”。

段德昌在牢房里，自3月7日至4月30日，一关就是54天。在这黑黢黢的囚室中，段德昌遭受了几次严刑拷打，受到非人的折磨，是共产党人的坚定信念鼓舞着他；是那句口头禅“共产党人砍脑壳也要讲真话”支撑着他。他坚贞不屈、严正申明：“我对党是忠诚的，历史定会作出公正结论。”

5月1日，公审大会在巴东金果坪一块打谷场召开。段德昌双手反绑着，被押在台上。

在夏曦宣布判处段德昌死刑后，贺龙匆匆赶来，警卫员端着一个木盘，木盘上放着一碗酒和几样小菜，贺龙端起酒，送到段德昌面前，说："德昌，军长无能，不能保住你的性命。一碗苞谷酒，算是为你饯行。"他喝令卫兵为段德昌松绑。

段德昌接过酒碗，一饮而尽。他眼含泪花对贺龙说："胡子，我不怪你。"

贺龙问："德昌，你还有什么要求？"

段德昌声音洪亮地说："我生是共产党的人，死是共产党的鬼，砍脑壳也要讲真话。第一，我是党一手培养的，从没有反对党中央；第二，我希望党和红军战士不要忘记养育我们的洪湖老百姓，他们正在受着国民党反动派的屠杀和煎熬；第三，我们不管在任何艰难的环境下，要永远相信党，忠于党，只要有中国共产党的领导，中国革命一定会取得胜利！同志们，永别了！"段德昌慷慨激昂，掷地有声的话语，只说得战士和乡亲们不断抽泣，只说得主席台在座者掩面盖羞，只说得夏曦之流胆战心惊。

段德昌戴着脚镣手铐，昂首挺胸走向小树林，面对着行刑的小战士，段德昌说："小战友，红军已经没有弹药，用刀杀我吧，子弹宝贵，留下子弹

打敌人。”

夏曦一紧眉头，示意快开枪。

随着一声枪响，闻名遐迩的洪湖名将猝然倒地。

段德昌牺牲了！

06 尾声

段德昌的牺牲，如同平地一声惊雷，传遍湘鄂边苏区。苏区人民纷纷来到段德昌的坟前，悼念自己英雄的儿子！有位老人在坟前栽下一棵松树，过后不久，在那棵松树周围人们又栽下了一棵又一棵。

一个漆黑的深夜，红 9 师政委宋盘铭带着团营干部，冒着狂风暴雨，秘密地来到段德昌的坟前，表达全师指战员的怀念。

宋盘铭一面走着，一面仔细数着松树，不多不少，正好 29 棵。就在这一刹那，他领悟：段德昌牺牲时，不正好是 29 岁吗？群众虽然未给烈士立块墓碑，这 29 棵青松，不就是最好的纪念碑么！看着松树，思念亲人，止不住满腔热血奔流，他朗诵起自己创作的一首悲歌来：

这里挺立着真理的卫士，
这里居住着共产党的精英，
这里珍藏着不朽的忠骨，
这里安息着伟大的灵魂。
是的，你匍匐在嶙峋的山崖，
滚热的心脏温暖了山山岭岭！
是的，你倒在了荆棘丛生的草地，
殷红的鲜血把土地滋润！
于是，你的墓旁长出棵棵青松，
挺拔伟岸，直指苍穹！
坚强的躯干，纵揽高天流云，
刚劲的枝条，搏击浩浩长空！
滚滚的松涛，发出战斗的警号，
斑驳的树皮，裹一身戎征铠甲，
累累的榴弹，是坚强的松果，
雄峙的枪刺，是锐利的松针。
大雪弥天，寒气磅礴，
它抗击把把冰刀铰割，
骄阳当空，烈焰威威，
它拦云遮日，丝青不脱！

啊！永生的段德昌，
你有不朽的英灵，
你仍在为革命站岗，
恰似这二十九棵青松，
……

人们呼唤着段师长，段德昌又何时忘怀过苏区人民、亲密的战友。就在临刑前，他高呼，不要忘记苏区人民！他劝战友不要因为他的牺牲而灰心，要继续战斗，打回洪湖！在赴刑场的路上，他想的是我们党战胜敌人要付出血的代价，战胜自己的错误也往往要用血的代价。他没有感伤，没有悲戚，自豪而坦然地走过去。因为他知道，伟大的党和红军一定会给他昭雪！

将军虽逝，风范长存！德昌身死，精神不灭！

段德昌遇难的噩耗传到洪湖，洪湖水掀起了狂浪，洪湖渔民愤怒了！他们追思着5年来段德昌龙腾虎跃，威震湘鄂，捷报频传，与洪湖人民的鱼水之情。尽管洪湖人民还处于白色恐怖的高压之下，他们用各种方式祭奠着救国救民的忠魂，有的赋诗："英雄英灵何处寻，江河大地寄忠心；宏图未展身先死，长使人民泪满襟"；有的在自家的神龛上立起段德昌牌位；有的悬挂着段德昌的画像。洪湖龚家墩的渔民们，大家凑钱，自发地修建了一座"德昌庙"，供奉着"火龙将军"的灵位，两旁挂着一副长联："爱洪湖，战洪湖，因湖负屈英灵常在；生为民，死为民，为民而死虽死犹生。"不仅如此，有些传说也讲得神乎其神。据说下湖捕鱼的渔民，只要供奉着"火龙将军"的牌位，网网不落空，天天鱼满舱。如果遇到风暴，就会有一条火龙将船引进平安的港湾；如果碰到渔霸强行勒索，火龙尾巴一摆，将渔霸摔得个船底朝天……这些传说，充分表明洪湖人民对段德昌的怀念和热爱，他是渔民心中永远屹立的丰碑。

1945 年，党中央在起草《关于若干历史问题的决议》时，任弼时曾对段德昌忠于革命、坚贞不屈的事迹作了详细介绍，同志们听后都非常难过，非常感动。

1952 年，毛泽东给段德昌签发中华人民共和国中央人民政府第一号"烈士证"。

1953 年，段德昌的遗骸被迁葬于湖北鹤峰下坪。

1962 年，再迁至鹤峰满山红烈士陵园。现段德昌墓在湖北鹤峰土家族自治县八峰山上，墓前是革命烈士纪念塔，山麓有革命博物馆。

1981 年，胡耀邦在庆祝中国共产党成立 60 周年的大会上，给予段德昌烈士以崇高的评价。不少老前辈都撰文盛赞段德昌烈士“一生为捍卫真理而英勇献身的革命精神”。

1983 年，湖南省南县修建“段德昌纪念碑”。1984 年，南县南洲镇党一完全小学即原南县国民党一高等小学，更名为德昌小学。

1989 年，段德昌被中央军委确定为 33 位中国人民解放军军事家之一。1994 年，中央军委又增补 3 人，共计 36 人为中国人民解放军军事家，段德昌位列第 28 位。

2009 年，段德昌被评为“为新中国成立作出突出贡献的英雄模范人物”。

段德昌烈士的铜像屹立于湖南省南县德昌公园，英雄形象永远活在人民心中，激励着子孙后代为实现中华民族伟大复兴的中国梦而努力奋斗。

天地英雄气，千秋尚凛然。长眠在湖北巴东金果坪的段德昌，永远留在了洪湖，留在了他无限热爱而为之战斗的这片土地。战友们没有忘记他，共和国没有忘记他，人民没有忘记他，他是我们心中一座不朽的丰碑。

后　记

作为土生土长的洪湖人，小时候就知道段德昌。在革命老区洪湖，这是和贺龙、周逸群相提并论的大英雄。只是小时候并不明白段德昌为什么这么有名，就像今天仍有很多人并不清楚段德昌为何能够跻身36位军事家。回顾起段德昌短暂而辉煌的一生，你会发现，段德昌是一位常胜将军，是一位军事奇才。他被洪湖人民称为“火龙将军”，他为中国革命作出了巨大贡献，却在青年时期含冤去世。好在历史是公正的，党和人民给了他崇高的荣誉。新中国成立后，毛泽东亲笔签发了段德昌的烈士证。中央人民政府批准树立的段德昌墓碑上题有，“生平为革命，竭尽忠诚，茹苦含辛，效劳祖国”。

本书是在前人研究成果的基础上，从段德昌烈士平凡而伟大的一生中遴选最典型和最具代表性的英雄事迹，结合中国革命发展历程和英雄烈士的人生经历，在充分尊重史实的基础上，编写完成的，力求用生动感人的英雄故事，弘扬他所展现出来的伟大的革命精神。在编写过程中，得到军事科学院军队政治工作研究院领导和机关的大力支持；赵一平、康月田、张明金、李平、李博、陈政举等多位专家学者进行了审读，提出了宝贵意见。

主要参考资料和书目有：《中国工农红军第二方面军战史》（中国工农红军第二方面军战史编辑委员会/解放军出版社）、《一代名将段德昌》（中共南县历史编纂委员会编/湖南人民出版社）、《共和国第一号烈士段德昌传》（郑远志著/长江文艺出版社）、《洪湖英烈》（中共洪湖市委党史资料征集编研委员会办公室/中共党史资料出版社）等有关书籍，还查阅了段德昌的报告、重要报刊、历史文献等资料，以及贺龙等领导人有关段德昌的回忆录。

在此，谨向关心和帮助过的各位领导、专家学者，以及上述作者、编辑致以最诚挚的谢意！

图书在版编目（CIP）数据

段德昌 / 军事科学院解放军党史军史研究中心编著. --北京：学习出版社，2022.11

（中华先烈人物故事汇）

ISBN 978-7-5147-1107-3

Ⅰ.①段… Ⅱ.①军… Ⅲ.①段德昌（1904-1933）—传记 Ⅳ.①K825.2

中国版本图书馆CIP数据核字（2021）第266720号

段德昌

DUAN DECHANG

军事科学院解放军党史军史研究中心

责任编辑：彭绍骏 王振宁 封面绘画：刘书移

技术编辑：胡 啸 内文插图：韩新维

美术编辑：杨 洪

出版发行：学习出版社

北京市东城区崇外大街11号新成文化大厦B座11层（100062）

010-66063020 010-66061634 010-66061646

网 址：http://www.xuexiph.cn

经 销：新华书店

印 刷：河北鹏润印刷有限公司

开 本：787毫米×1092毫米 1/32

印 张：5.125

字 数：73千字

版次印次：2022年11月第1版 2022年11月第1次印刷

书 号：ISBN 978-7-5147-1107-3

定 价：20.00元
